Printed in the USA

Indonesian Language:
101 Indonesian Verbs

BY FAREL CAHYADI

Contents

Introduction to Indonesian Verbs	1
To accept	11
To admit	13
To answer	15
To appear	17
To ask	19
To bear	21
To be able to	23
To become	25
To begin	27
To break	29
To breathe	31
To buy	33
To call	35
To can	37
To choose	39
To close	41
To come	43
To cook	45
To cry	47
To dance	49
To decide	51
To decrease	53
To die	55

To do	57
To drink	59
To drive	61
To eat	63
To enter	65
To exit	67
To explain	69
To fall	71
To feel	73
To fight	75
To find	77
To finish	79
To fly	81
To forget	83
To get up	85
To give	87
To go	89
To happen	91
To have	93
To hear	95
To help	97
To hold	99
To increase	101
To introduce	103
To invite	105
To kill	107

To kiss	109
To know	111
To laugh	113
To learn	115
To lie down	117
To like	119
To listen	121
To live	123
To lose	125
To love	127
To meet	129
To need	131
To notice	133
To open	135
To play	137
To put	139
To read	141
To receive	143
To remember	145
To repeat	147
To return	149
To run	151
To say	153
To scream	155
To see	157
To seem	159

To sell	161
To send	163
To show	165
To sing	167
To sit down	169
To sleep	171
To smile	173
To speak	175
To stand	177
To start	179
To stay	181
To take	183
To talk	185
To teach	187
To think	189
To touch	191
To travel	193
To understand	195
To use	197
To wait	199
To walk	201
To want	203
To watch	205
To win	207
To work	209
To write	211

Introduction to Indonesian Verbs (Kata Kerja Bahasa Indonesia)

Being one of the most extensively studied Austronesian languages, learning Indonesian verbs can be a daunting task for beginners. Even within formal standard Indonesian, there is still a considerable amount of variation compared with that of standard English. However, the morphological structure of Indonesian is similar to that of Malay language and its complexity can be considered simpler than English because it does not recognize tenses, gender and plural forms.

At its basic form, Indonesian verbal template consists of the root or base word and one or more affixes with this specific formula:

(prefix-) root (-suffix)

The stemming rules are pretty simple. Similar to Malay language, derivational structures of Indonesian consist of prefixes, suffixes and a combination of the two, often called confixes. However, there are certain characteristics of the stemming rules that complicate the process. Inherited from Javanese language, infixes are also known, even though not widely used anymore in modern Indonesian. More about this topic later.

Base and Multiword Verbs

The most basic form of a verb is the base verb. In Indonesian, these include: *beli* (buy), *jawab* (answer), *kirim* (send), *simpan* (save), *tidur* (sleep), etc. Beside this base form, there are multiword verbs grouped into three categories:

1. Reduplicative Verbs
   In this category, the root word is repeated exactly or with a slight change. The reduplication process is used to express accentuation, continuation, and reciprocity.

   Example:
   Ayo kita **makan-makan** di restoran. (Let's eat at the restaurant.)
   Pria tua itu **batuk-batuk** sepanjang siang. (The old man coughs repeatedly all afternoon.)
   Perampok dan polisi saling **tembak-menembak**. (The burglar and the police shoot each other.)

2. Compound Verbs
   In Indonesian, compound verbs are formed by joining words without turning them into idioms. Without any affix, they are treated as object or noun.

Example:
As verb/predicate:
Ia **bertatap muka** dengan para pesaingnya. (She met with her competitors.)
Anak itu **mengambinghitamkan** temannya. (That kid scapegoated his friend.)
As noun/object:
Ia mengadakan **tatap muka** dengan para pesaingnya. (She held a meeting with her competitors.)
Anak itu memaksa temannya menjadi **kambing hitam**. (That kid forced his friend to be the scapegoat.)

3. Prepositional Verbs
   This type of verb is formed by attaching preposition to intransitive verbs.

   Example:
   Saya **menyesal atas** kesalahan yang saya buat. (I am sorry for the mistakes I have made.)
   Dokumen itu **terdiri dari** beberapa bagian. (The document consists of several parts.)

Grammatical Number, Gender and Person

In most languages, grammatical number consists of two forms: singular and plural. Unlike English language, the verb agreement is not different on singular and plural number. The same rule applies to grammatical gender and person. See the examples below.

	Masculine/Feminine	
	Singular	Plural
First Person	Aku **membeli** buah-buahan. (I buy fruits.) Saya **berjalan** kaki ke sana. (I walked there.)	Kami **berjuang** bersama. (We struggle together.) Kita semua **mempunyai** cita-cita. (We all have aspirations.)
Second Person	Kamu **menyukai** kota ini. (You like this city.) Anda **menghadiri** kelas. (You attend the class.)	Kalian **ingin pergi** ke perpustakaan? (You all want to go to the library?)
Third Person	Dia **mengganggu** anak itu. (He/She annoys that kid.) Ia **menatap** bulan yang terang. (He/She stares at the bright moon.)	Mereka **bekerja** di kantor yang sama. (They work in the same office.)

Tenses and Subject-Verb Agreement

As mentioned before, Indonesian does not recognize tenses, therefore adverbial expression is used in place of verbal inflection process to represent the notion of time. English verbs, in which a tense marker is affixed, are morphologically inflected. In this section, it will be shown that Indonesian verbs remain unchanged regardless of the adverbs that follow.

Let's take the present, past and future tenses, for example. In English, suffixes (-s) and (-ed) are attached to mark present and past tense, respectively. For future tense, it uses auxiliaries (will, shall, would, should). This brings up a discussion about the types of aspectual adverbs used in Indonesian, which are *durative* and *imperfective* (present tense), *perfective* (past tense), and *inchoative* or *inceptive* to express the beginning of an action. Future aspectual adverbs (*akan, mau*) are treated on par despite the lack of name.

Examples:

Tenses	English	Indonesian
Present Tense	Jake *washes* his car every day.	Jake *mencuci* mobilnya setiap hari.
Past Tense	Jake *washed* his car last night.	Jake *mencuci* mobilnya tadi malam.
Future Tense	Jake *will wash* his car tomorrow.	Jake *akan mencuci* mobilnya besok.

Aspectual Adverbs	English	Indonesian
Durative	Jake *is washing* his car. Jake *was washing* his car.	Jake *sedang mencuci* mobilnya.
Imperfective	Jake *is still washing* his car. Jake *was still washing* his car.	Jake *masih mencuci* mobilnya.
Perfective	Jake *washed* his car. Jake *has washed* his car. Jake *had washed* his car.	Jake *sudah mencuci* mobilnya.
Inchoative/Inceptive	Jake *begins to wash* his car. Jake *began to wash* his car. Jake *has begun to wash* his car.	Jake *mulai mencuci* mobilnya.
Future	Jake *will wash* his car. Jake *would wash* his car.	Jake *akan mencuci* mobilnya.

Voice

Most languages have active and passive voice to describe the relationship between the action and the participants in the sentence. These active and passive verbs can either be transitive or intransitive. In Indonesian, transitive verbs are marked by prefix meN- (active) and di- (passive), while intransitive verbs have no affix or use prefix ber- or meN- (active) and di- or ter- (passive). Let's take a look at the example below:

	Active	Passive
Transitive	Siswa-siswa itu **memecahkan** soal Matematika dengan cepat. (The students solve the Math problems quickly.)	Soal Matematika **dipecahkan** oleh siswa-siswa itu dengan cepat. (Math problems are solved by the students quickly.)
Intransitive	Ia **menangis** keras saat ayahnya meninggal. (He cried so hard when his father passed away.)	Topinya **terlempar** ke sungai. (His hat was thrown to the river.)

Notice that the sentence with active intransitive verb cannot be made into passive form, hence the different sentence. Also notice that if an object is added to the passive intransitive sentence, it becomes passive transitive.

Letter Transformation

In Indonesian language, letter transformation occurs as a result of affixing. The transformation forms are as follows:

1. Insertion
   The most common transformation is the insertion of some letter(s) following a prefix before the base/root word. This is used especially for base words starting with a vowel or letter b, c, d, g, and h.

   Example:

Base/Root Word	Prefix + Insertion	New Verb
angkat (lift)	me- + ng	*mengangkat*
baca (read)	me- + m	*membaca*
cari (search)	me- + n	*mencari*
dukung (support)	me- + n	*mendukung*
ganggu (annoy)	me- + ng	*mengganggu*

2. Morphing
   This form involves replacing the first letter of the base/root word with different letter(s). Morphing is frequently formed when attaching prefix meN- to base words starting with letter k, p, s, and t.

   Example:

Base/Root Word	Prefix + Morphing	New Verb
kebut (speed up)	me- + (k → ng)	mengebut
pacu (spur)	me- + (p → m)	memacu
sapu (sweep)	me- + (s → ny)	menyapu
tambah (add)	me- + (t → n)	menambah

3. Deletion
   This type of transformation occurs when a prefix ending with certain letter is attached to a base word starting with the same letter. The result is deletion of one of the duplicate letters. It especially affects prefix ber- attached to a base word starting with letter "r".

   Example:

Base/Root Word	Prefix - Deletion	New Verb
ramah tamah (be friendly)	ber- - r	beramah-tamah
renang (swim)	ber- - r	berenang
runding (negotiate)	ber- - r	berunding

Affixes as Morphological Markers

One of the most complicated parts of Indonesian verbs is the affixing process. An affix is typically inflectional or derivational in many languages, including Indonesian. Here are the examples according to the type of affix and its function(s):

Inflectional Prefix Markers

1. me-
   a) To do something.
      baca   membaca   to read
      sentuh   menyentuh   to touch
   b) To do something with a tool.
      gunting   menggunting   to cut (with scissors)
      sapu   menyapu   to sweep

    c) To give impression.
        bisu   *membisu*   to keep silent
        kalah   *mengalah*   to admit defeat
    d) To go to.
        darat   *mendarat*   to land
        tepi   *menepi*   to step aside
    e) To look for or to eat.
        rotan   *merotan*   to look for rattans
        rumput   *merumput*   to eat grass (for cattles)

2. ber-
    a) To indicate having something.
        ayah   *berayah*   have a father
        buku   *berbuku*   have knuckles
    b) To indicate wearing something.
        Pakaian   *berpakaian*   wear clothes
        sarung   *bersarung*   wear sarong
    c) To indicate riding something.
        kuda   *berkuda*   ride a horse
        sepeda   *bersepeda*   ride a bicycle
    d) To indicate using something.
        payung   *berpayung*   use an umbrella
        tongkat   *bertongkat*   use a stick
    e) To produce something.
        bunga   *berbunga*   produce flowers (plants)
        telur   *bertelur*   produce eggs (animals)
    f) To indicate an occupation or a hobby.
        kebun   *berkebun*   have a gardening hobby
        tani   *bertani*   have occupation as a farmer
    g) To say a prayer or make a vow.
        doa   *berdoa*   to pray
        janji   *berjanji*   to make a promise
    h) To show attitude.
        Ramah tamah   *beramah-tamah*   to be friendly
        lemah lembut   *berlemah-lembut*   to be gentle
    i) To be in a state of.
        duka   *berduka*   to mourn
        gembira   *bergembira*   to be happy
    j) To do something for self.
        sembunyi   *bersembunyi*   to hide

3. di-
   Prefix di- is used particularly to indicate passive form.
   Tasnya dibeli dengan sangat murah.
   (The bag was bought very cheaply.)
   Ia sangat dimanja oleh ibunya.
   (He is so spoiled by his mother.)
4. ter-
   a) Can/already be.

   | buka | terbuka | already be opened |
   | ganti | terganti | can be replaced |

   b) To indicate accident.

   | bawa | terbawa | accidentally taken away |
   | makan | termakan | accidentally eaten |

   c) To indicate abruptness.

   | ingat | teringat | suddenly remembered |
   | jatuh | terjatuh | suddenly fallen off |

Inflectional Suffix Markers

1. -kan
   a) To make a command sentence.
      Selesaikan pekerjaanmu sekarang!
      Finish your work now!
      Tuliskan kalimat ini di papan!
      Write this sentence on the whiteboard!
   b) To indicate an action with a tool.
      Anak itu melemparkan batu ke danau.
      That kid throws the rock into the lake.
      Ia menusukkan pisau itu dalam-dalam.
      He stabbed the knife deeply.
   c) To cause something.
      Jangan membesarkan masalah ini.
      Do not amplify this issue.
      Ayah menjatuhkan vas bunga Ibu.
      Dad knocked over Mom's vase.
   d) To indicate an action done for others.
      Kami menyanyikan lagu perpisahan untuknya.
      We sang a farewell song for her.
      Aku meminjamkan buku itu kemarin.
      I lent the book yesterday.

2. -i
   a) To make a command sentence.
      Ikuti aturan guru!
      Follow the teachers' rules!
   b) To cause something.
      Ia menyakiti hati orang tuanya.
      He hurt his parents' feelings.
   c) To give something.
      Ibu selalu membumbui ayam goreng dengan cabai.
      Mom always spikes the chicken with chili.
   d) To indicate intensity/repetition.
      Pria itu memukuli anaknya yang malang.
      That man hits his poor kid repeatedly.

Inflectional Confix Markers

1. me-...-kan
   Ia memberikan separuh uangnya untuk amal.
   She gives half her money to charity.
2. me-...-i
   Peneliti itu mengamati tingkah laku responden.
   The researcher observes the respondent's behavior.
3. memper-...-kan
   Wartawan itu mempertemukan ayah dan anak yang terpisah.
   The journalist reunited the father and daughter.
4. memper-...-i
   Aku harus memperbaiki sepedaku hari ini.
   I have to repair my bicycle today.
5. ber-...-an
   Pada pukul 8, para peserta mulai berdatangan.
   At 8 o'clock, the participants started to come.
6. ber-...-kan
   Batu itu bertuliskan tinta emas.
   The stone is inscribed with golden ink.
7. ke-...-an
   Aku kehilangan catatan penting.
   I lost an important note.
8. di-...-i
   Perjanjian itu sudah ditandatangani.
   The agreement was signed.

9. di-...-kan
   Puisi itu dibacakan di depan kelas.
   The poem was read in front of the classroom.
10. diper-...-kan
    Kami dipertemukan oleh takdir.
    We were joined by fate.

Derivational Prefix Markers
These prefixes mark a transpose from a noun to a verb.
1. me-
   paku (nails)   *memaku* (to nail)
2. ber-
   nurani (conscience)   *bernurani* (to have conscience)
3. di-
   sapu (broom)   *disapu* (be swept)
4. ter-
   gunting (scissors)   *tergunting* (accidentally cut off)

Derivational Suffix Markers
These suffixes mark a transpose from a noun or an adjective to a verb.
1. -kan
   ceria (cheerful)   *ceriakan* (cheer up)
2. -i
   teman (company)   *temani* (accompany)

Derivational Confix Markers
These confixes also mark a transpose from a noun or an adjective to a verb.
1. me-...-kan
   rasa (feeling)   *merasakan* (to feel)
2. me-...-i
   teman (company)   *menemani* (to accompany)
3. memper-...-kan
   debat (debate)   *memperdebatkan* (to debate)
4. ber-...-an
   cucur (stream of tears/sweat)   *bercucuran* (streaming down)
5. ber-...-kan
   dasar (base)   *berdasarkan* (be based on)
6. ke-...-an
   copet (pickpocket)   *kecopetan* (be pickpocketed)

7. di-...-i
   marah (angry) *dimarahi* (be scolded)
8. di-...-kan
   benar (right) *dibenarkan* (be allowed)
9. diper-...-kan
   salah (wrong) *dipersalahkan* (be blamed for)

To accept

menerima (mɛ-nɛ-ree-mà)

Conjugation: Person & Number

Person / Number	Singular		Plural	
1st Person	I _accept_	Saya _menerima_	We _accept_	Kami _menerima_
2nd Person	You _accept_	Anda _menerima_	You all _accept_	Kalian _menerima_
3rd Person	He/She _accepts_	Ia _menerima_	They _accept_	Mereka _menerima_

Conjugation: Tenses

Tenses	English	Indonesian
Present Tense		
• Simple Present	I/You/We/You all/They _accept_ He/She _accepts_	Saya/Anda/Kami/Kalian/Mereka/Ia _menerima_
• Present Progressive	I _am accepting_ You/We/You all/They _are accepting_ He/She _is accepting_	Saya/Anda/Kami/Kalian/Mereka/Ia _menerima_
• Present Perfect Simple	I/You/We/You all/They _have accepted_ He/She _has accepted_	Saya/Anda/Kami/Kalian/Mereka/Ia **telah** _menerima_
• Present Perfect Progressive	I/You/We/You all/They _have been accepting_ He/She _has been accepting_	Saya/Anda/Kami/Kalian/Mereka/Ia **telah** _menerima_
Past Tense		
• Simple Past	I/You/We/You all/They/He/She _accepted_	Saya/Anda/Kami/Kalian/Mereka/Ia _menerima_
• Past Progressive	You/We/You all/They _were accepting_ I/He/She _was accepting_	Saya/Anda/Kami/Kalian/Mereka/Ia _menerima_
• Past Perfect Simple	I/You/We/You all/They/He/She _had accepted_	Saya/Anda/Kami/Kalian/Mereka/Ia **telah** _menerima_
• Past Perfect Progressive	I/You/We/You all/They/He/She _had been accepting_	Saya/Anda/Kami/Kalian/Mereka/Ia **telah** _menerima_
Future Tense		
• Future I Simple	I/You/We/You all/They/He/She _will accept_	Saya/Anda/Kami/Kalian/Mereka/Ia **akan** _menerima_
• Future I Simple	I _am going to accept_ You/We/You all/They _are going to accept_ He/She _is going to accept_	Saya/Anda/Kami/Kalian/Mereka/Ia **akan** _menerima_

• Future I Progressive	I/You/We/You all/They/He/She _will be accepting_	Saya/Anda/Kami/Kalian/Mereka/Ia **akan** _menerima_
• Future II Simple	I/You/We/You all/They/He/She _will have accepted_	Saya/Anda/Kami/Kalian/Mereka/Ia **akan (telah)** _menerima_
• Future II Progressive	I/You/We/You all/They/He/She _will have been accepting_	Saya/Anda/Kami/Kalian/Mereka/Ia **akan (telah)** _menerima_

To admit
mengakui (mɛ-**ngà-koo**-i)

Conjugation: Person & Number

Person / Number	Singular		Plural	
1st Person	I *admit*	Saya *mengakui*	We *admit*	Kami *mengakui*
2nd Person	You *admit*	Anda *mengakui*	You all *admit*	Kalian *mengakui*
3rd Person	He/She *admit*s	Ia *mengakui*	They *admit*	Mereka *mengakui*

Conjugation: Tenses

Tenses	English	Indonesian
Present Tense		
• Simple Present	I/You/We/You all/They *admit* He/She *admits*	Saya/Anda/Kami/Kalian/Mereka/Ia *mengakui*
• Present Progressive	I *am admitting* You/We/You all/They *are admitting* He/She *is admitting*	Saya/Anda/Kami/Kalian/Mereka/Ia *mengakui*
• Present Perfect Simple	I/You/We/You all/They *have admitted* He/She *has admitted*	Saya/Anda/Kami/Kalian/Mereka/Ia **telah** *mengakui*
• Present Perfect Progressive	I/You/We/You all/They *have been admitting* He/She *has been admitting*	Saya/Anda/Kami/Kalian/Mereka/Ia **telah** *mengakui*
Past Tense		
• Simple Past	I/You/We/You all/They/He/She *admitted*	Saya/Anda/Kami/Kalian/Mereka/Ia *mengakui*
• Past Progressive	You/We/You all/They *were admitting* I/He/She *was admitting*	Saya/Anda/Kami/Kalian/Mereka/Ia *mengakui*
• Past Perfect Simple	I/You/We/You all/They/He/She *had admitted*	Saya/Anda/Kami/Kalian/Mereka/Ia **telah** *mengakui*
• Past Perfect Progressive	I/You/We/You all/They/He/She *had been admitting*	Saya/Anda/Kami/Kalian/Mereka/Ia **telah** *mengakui*
Future Tense		
• Future I Simple	I/You/We/You all/They/He/She *will admit*	Saya/Anda/Kami/Kalian/Mereka/Ia **akan** *mengakui*
• Future I Simple	I *am going to admit* You/We/You all/They *are going to admit* He/She *is going to admit*	Saya/Anda/Kami/Kalian/Mereka/Ia **akan** *mengakui*

• Future I Progressive	I/You/We/You all/They/He/She _will be admitting_	Saya/Anda/Kami/Kalian/Mereka/Ia **akan** _mengakui_
• Future II Simple	I/You/We/You all/They/He/She _will have admitted_	Saya/Anda/Kami/Kalian/Mereka/Ia **akan (telah)** _mengakui_
• Future II Progressive	I/You/We/You all/They/He/She _will have been admitting_	Saya/Anda/Kami/Kalian/Mereka/Ia **akan (telah)** _mengakui_

To answer
menjawab (mɛn-jà-wàb)

Conjugation: Person & Number

Person / Number	Singular		Plural	
1st Person	I *answer*	Saya *menjawab*	We *answer*	Kami *menjawab*
2nd Person	You *answer*	Anda *menjawab*	You all *answer*	Kalian *menjawab*
3rd Person	He/She *answers*	Ia *menjawab*	They *answer*	Mereka *menjawab*

Conjugation: Tenses

Tenses	English	Indonesian
Present Tense		
• Simple Present	I/You/We/You all/They *answer* He/She *answers*	Saya/Anda/Kami/Kalian/Mereka/Ia *menjawab*
• Present Progressive	I *am answering* You/We/You all/They *are answering* He/She *is answering*	Saya/Anda/Kami/Kalian/Mereka/Ia sedang *menjawab*
• Present Perfect Simple	I/You/We/You all/They *have answered* He/She *has answered*	Saya/Anda/Kami/Kalian/Mereka/Ia **telah** *menjawab*
• Present Perfect Progressive	I/You/We/You all/They *have been answering* He/She *has been answering*	Saya/Anda/Kami/Kalian/Mereka/Ia **telah** *menjawab*
Past Tense		
• Simple Past	I/You/We/You all/They/He/She *answered*	Saya/Anda/Kami/Kalian/Mereka/Ia *menjawab*
• Past Progressive	You/We/You all/They *were answering* I/He/She *was answering*	Saya/Anda/Kami/Kalian/Mereka/Ia sedang *menjawab*
• Past Perfect Simple	I/You/We/You all/They/He/She *had answered*	Saya/Anda/Kami/Kalian/Mereka/Ia **telah** *menjawab*
• Past Perfect Progressive	I/You/We/You all/They/He/She *had been answering*	Saya/Anda/Kami/Kalian/Mereka/Ia **telah** *menjawab*
Future Tense		
• Future I Simple	I/You/We/You all/They/He/She *will answer*	Saya/Anda/Kami/Kalian/Mereka/Ia **akan** *menjawab*
• Future I Simple	I *am going to answer* You/We/You all/They *are going to answer* He/She *is going to answer*	Saya/Anda/Kami/Kalian/Mereka/Ia **akan** *menjawab*

•	Future I Progressive	I/You/We/You all/They/He/She *will* *be* *answering*	Saya/Anda/Kami/Kalian/Mereka/Ia ***akan*** *menjawab*
•	Future II Simple	I/You/We/You all/They/He/She *will* *have* *answered*	Saya/Anda/Kami/Kalian/Mereka/Ia ***akan (telah)*** *menjawab*
•	Future II Progressive	I/You/We/You all/They/He/She *will* *have* *been* *answering*	Saya/Anda/Kami/Kalian/Mereka/Ia ***akan (telah)*** *menjawab*

To appear
muncul (moon-cool)

Conjugation: Person & Number

Person / Number	Singular		Plural	
1st Person	I *appear*	Saya *muncul*	We *appear*	Kami *muncul*
2nd Person	You *appear*	Anda *muncul*	You all *appear*	Kalian *muncul*
3rd Person	He/She *appears*	Ia *muncul*	They *appear*	Mereka *muncul*

Conjugation: Tenses

Tenses	English	Indonesian
Present Tense		
• Simple Present	I/You/We/You all/They *appear* He/She *appears*	Saya/Anda/Kami/Kalian/Mereka/Ia *muncul*
• Present Progressive	I *am appearing* You/We/You all/They *are appearing* He/She *is appearing*	Saya/Anda/Kami/Kalian/Mereka/Ia sedang *muncul*
• Present Perfect Simple	I/You/We/You all/They *have appeared* He/She *has appeared*	Saya/Anda/Kami/Kalian/Mereka/Ia **telah** *muncul*
• Present Perfect Progressive	I/You/We/You all/They *have been appearing* He/She *has been appearing*	Saya/Anda/Kami/Kalian/Mereka/Ia **telah** *muncul*
Past Tense		
• Simple Past	I/You/We/You all/They/He/She *appeared*	Saya/Anda/Kami/Kalian/Mereka/Ia *muncul*
• Past Progressive	You/We/You all/They *were appearing* I/He/She *was appearing*	Saya/Anda/Kami/Kalian/Mereka/Ia *muncul*
• Past Perfect Simple	I/You/We/You all/They/He/She *had appeared*	Saya/Anda/Kami/Kalian/Mereka/Ia **telah** *muncul*
• Past Perfect Progressive	I/You/We/You all/They/He/She *had been appearing*	Saya/Anda/Kami/Kalian/Mereka/Ia **telah** *muncul*
Future Tense		
• Future I Simple	I/You/We/You all/They/He/She *will appear*	Saya/Anda/Kami/Kalian/Mereka/Ia **akan** *muncul*
• Future I Simple	I *am going to appear* You/We/You all/They *are going to appear* He/She *is going to appear*	Saya/Anda/Kami/Kalian/Mereka/Ia **akan** *muncul*

• Future I Progressive	I/You/We/You all/They/He/She *will be appearing*	Saya/Anda/Kami/Kalian/Mereka/Ia ***akan*** *muncul*
• Future II Simple	I/You/We/You all/They/He/She *will have appeared*	Saya/Anda/Kami/Kalian/Mereka/Ia ***akan (telah)*** *muncul*
• Future II Progressive	I/You/We/You all/They/He/She *will have been appearing*	Saya/Anda/Kami/Kalian/Mereka/Ia ***akan (telah)*** *muncul*

To ask

bertanya (bɛr-tà-ɲà)

Conjugation: Person & Number

Person / Number	Singular	Plural
1st Person	I *ask* Saya *bertanya*	We *ask* Kami *bertanya*
2nd Person	You *ask* Anda *bertanya*	You all *ask* Kalian *bertanya*
3rd Person	He/She *asks* Ia *bertanya*	They *ask* Mereka *bertanya*

Conjugation: Tenses

Tenses	English	Indonesian
Present Tense		
• Simple Present	I/You/We/You all/They *ask* He/She *asks*	Saya/Anda/Kami/Kalian/Mereka/Ia *bertanya*
• Present Progressive	I *am asking* You/We/You all/They *are asking* He/She *is asking*	Saya/Anda/Kami/Kalian/Mereka/Ia sedang *bertanya*
• Present Perfect Simple	I/You/We/You all/They *have asked* He/She *has asked*	Saya/Anda/Kami/Kalian/Mereka/Ia **telah** *bertanya*
• Present Perfect Progressive	I/You/We/You all/They *have been asking* He/She *has been asking*	Saya/Anda/Kami/Kalian/Mereka/Ia **telah** *bertanya*
Past Tense		
• Simple Past	I/You/We/You all/They/He/She *asked*	Saya/Anda/Kami/Kalian/Mereka/Ia *bertanya*
• Past Progressive	You/We/You all/They *were asking* I/He/She *was asking*	Saya/Anda/Kami/Kalian/Mereka/Ia sedang *bertanya*
• Past Perfect Simple	I/You/We/You all/They/He/She *had asked*	Saya/Anda/Kami/Kalian/Mereka/Ia **telah** *bertanya*
• Past Perfect Progressive	I/You/We/You all/They/He/She *had been asking*	Saya/Anda/Kami/Kalian/Mereka/Ia **telah** *bertanya*
Future Tense		
• Future I Simple	I/You/We/You all/They/He/She *will ask*	Saya/Anda/Kami/Kalian/Mereka/Ia **akan** *bertanya*
• Future I Simple	I *am going to ask* You/We/You all/They *are going to ask* He/She *is going to ask*	Saya/Anda/Kami/Kalian/Mereka/Ia **akan** *bertanya*

•	Future I Progressive	I/You/We/You all/They/He/She _will_ _be_ _asking_	Saya/Anda/Kami/Kalian/Mereka/Ia **akan** bertanya
•	Future II Simple	I/You/We/You all/They/He/She _will_ _have_ _asked_	Saya/Anda/Kami/Kalian/Mereka/Ia **akan (telah)** bertanya
•	Future II Progressive	I/You/We/You all/They/He/She _will_ _have_ _been_ _asking_	Saya/Anda/Kami/Kalian/Mereka/Ia **akan (telah)** bertanya

To bear
menahan (mɛ-nà-hàn)

Conjugation: Person & Number

Person / Number	Singular		Plural	
1st Person	I *bear*	Saya *menahan*	We *bear*	Kami *menahan*
2nd Person	You *bear*	Anda *menahan*	You all *bear*	Kalian *menahan*
3rd Person	He/She *bears*	Ia *menahan*	They *bear*	Mereka *menahan*

Conjugation: Tenses

Tenses	English	Indonesian
Present Tense		
• Simple Present	I/You/We/You all/They *bear* He/She *bears*	Saya/Anda/Kami/Kalian/Mereka/Ia *menahan*
• Present Progressive	I *am bearing* You/We/You all/They *are bearing* He/She *is bearing*	Saya/Anda/Kami/Kalian/Mereka/Ia sedang *menahan*
• Present Perfect Simple	I/You/We/You all/They *have born* He/She *has born*	Saya/Anda/Kami/Kalian/Mereka/Ia **telah** *menahan*
• Present Perfect Progressive	I/You/We/You all/They *have been bearing* He/She *has been bearing*	Saya/Anda/Kami/Kalian/Mereka/Ia **telah** *menahan*
Past Tense		
• Simple Past	I/You/We/You all/They/He/She *bore*	Saya/Anda/Kami/Kalian/Mereka/Ia *menahan*
• Past Progressive	You/We/You all/They *were bearing* I/He/She *was bearing*	Saya/Anda/Kami/Kalian/Mereka/Ia sedang *menahan*
• Past Perfect Simple	I/You/We/You all/They/He/She *had born*	Saya/Anda/Kami/Kalian/Mereka/Ia **telah** *menahan*
• Past Perfect Progressive	I/You/We/You all/They/He/She *had been bearing*	Saya/Anda/Kami/Kalian/Mereka/Ia **telah** *menahan*
Future Tense		
• Future I Simple	I/You/We/You all/They/He/She *will bear*	Saya/Anda/Kami/Kalian/Mereka/Ia **akan** *menahan*
• Future I Simple	I *am going to bear* You/We/You all/They *are going to bear* He/She *is going to bear*	Saya/Anda/Kami/Kalian/Mereka/Ia **akan** *menahan*

• Future I Progressive	I/You/We/You all/They/He/She *will be bearing*	Saya/Anda/Kami/Kalian/Mereka/Ia ***akan*** *menahan*
• Future II Simple	I/You/We/You all/They/He/She *will have born*	Saya/Anda/Kami/Kalian/Mereka/Ia ***akan (telah)*** *menahan*
• Future II Progressive	I/You/We/You all/They/He/She *will have been bearing*	Saya/Anda/Kami/Kalian/Mereka/Ia ***akan (telah)*** *menahan*

To be able to
mampu (màm-poo)

Conjugation: Person & Number

Person / Number	Singular	Plural
1st Person	I *am able to* Saya *mampu*	We *are able to* Kami *mampu*
2nd Person	You *are able to* Anda *mampu*	You all *are able to* Kalian *mampu*
3rd Person	He/She *is able to* Ia *mampu*	They *are able to* Mereka *mampu*

Conjugation: Tenses

Tenses	English	Indonesian
Present Tense		
• Simple Present	I/You/We/You all/They *are able to* He/She *is able to*	Saya/Anda/Kami/Kalian/Mereka/Ia *mampu*
• Present Progressive	I *am able to* You/We/You all/They *are being able to* He/She *is being able to*	Saya/Anda/Kami/Kalian/Mereka/Ia *mampu*
• Present Perfect Simple	I/You/We/You all/They *have been able to* He/She *has been able to*	Saya/Anda/Kami/Kalian/Mereka/Ia ***telah** mampu*
• Present Perfect Progressive		Saya/Anda/Kami/Kalian/Mereka/Ia ***telah** mampu*
Past Tense		
• Simple Past	I/You/We/You all/They *were able to* He/She *was able to*	Saya/Anda/Kami/Kalian/Mereka/Ia *mampu*
• Past Progressive		Saya/Anda/Kami/Kalian/Mereka/Ia *mampu*
• Past Perfect Simple	I/You/We/You all/They/He/She *had been able to*	Saya/Anda/Kami/Kalian/Mereka/Ia ***telah** mampu*
• Past Perfect Progressive		Saya/Anda/Kami/Kalian/Mereka/Ia ***telah** mampu*
Future Tense		
• Future I Simple	I/You/We/You all/They/He/She *will be able to*	Saya/Anda/Kami/Kalian/Mereka/Ia ***akan** mampu*
• Future I Simple	I *am going to be able to* You/We/You all/They *are going to be able to* He/She *is going to be able to*	Saya/Anda/Kami/Kalian/Mereka/Ia ***akan** mampu*
• Future I Progressive	I/You/We/You all/They/He/She *will be able to*	Saya/Anda/Kami/Kalian/Mereka/Ia ***akan** mampu*

• Future II Simple	I/You/We/You all/They/He/She <u>will</u> <u>have</u> <u>been</u> <u>able to</u>	Saya/Anda/Kami/Kalian/Mereka/Ia **akan (telah)** <u>mampu</u>
• Future II Progressive	I/You/We/You all/They/He/She <u>will</u> <u>have</u> <u>been</u> <u>able to</u>	Saya/Anda/Kami/Kalian/Mereka/Ia **akan (telah)** <u>mampu</u>

To become

menjadi (mɛn-jà-dee)

Conjugation: Person & Number

Person / Number	Singular		Plural	
1st Person	I *become*	Saya *menjadi*	We *become*	Kami *menjadi*
2nd Person	You *become*	Anda *menjadi*	You all *become*	Kalian *menjadi*
3rd Person	He/She *becomes*	Ia *menjadi*	They *become*	Mereka *menjadi*

Conjugation: Tenses

Tenses	English	Indonesian
Present Tense		
• Simple Present	I/You/We/You all/They *become* He/She *becomes*	Saya/Anda/Kami/Kalian/Mereka/Ia *menjadi*
• Present Progressive	I *am becoming* You/We/You all/They *are becoming* He/She *is becoming*	Saya/Anda/Kami/Kalian/Mereka/Ia sedang *menjadi*
• Present Perfect Simple	I/You/We/You all/They *have become* He/She *has become*	Saya/Anda/Kami/Kalian/Mereka/Ia *telah menjadi*
• Present Perfect Progressive	I/You/We/You all/They *have been becoming* He/She *has been becoming*	Saya/Anda/Kami/Kalian/Mereka/Ia *telah menjadi*
Past Tense		
• Simple Past	I/You/We/You all/They/He/She *became*	Saya/Anda/Kami/Kalian/Mereka/Ia *menjadi*
• Past Progressive	You/We/You all/They *were becoming* I/He/She *was becoming*	Saya/Anda/Kami/Kalian/Mereka/Ia sedang *menjadi*
• Past Perfect Simple	I/You/We/You all/They/He/She *had become*	Saya/Anda/Kami/Kalian/Mereka/Ia *telah menjadi*
• Past Perfect Progressive	I/You/We/You all/They/He/She *had been becoming*	Saya/Anda/Kami/Kalian/Mereka/Ia *telah menjadi*
Future Tense		
• Future I Simple	I/You/We/You all/They/He/She *will become*	Saya/Anda/Kami/Kalian/Mereka/Ia *akan menjadi*
• Future I Simple	I *am going to become* You/We/You all/They *are going to become* He/She *is going to become*	Saya/Anda/Kami/Kalian/Mereka/Ia *akan menjadi*

• Future I Progressive	I/You/We/You all/They/He/She *will be becoming*	Saya/Anda/Kami/Kalian/Mereka/Ia ***akan*** *menjadi*
• Future II Simple	I/You/We/You all/They/He/She *will have become*	Saya/Anda/Kami/Kalian/Mereka/Ia ***akan (telah)*** *menjadi*
• Future II Progressive	I/You/We/You all/They/He/She *will have been becoming*	Saya/Anda/Kami/Kalian/Mereka/Ia ***akan (telah)*** *menjadi*

To begin

memulai (mɛ-moo-lai)

Conjugation: Person & Number

Person / Number	Singular		Plural	
1st Person	I *begin*	Saya *memulai*	We *begin*	Kami *memulai*
2nd Person	You *begin*	Anda *memulai*	You all *begin*	Kalian *memulai*
3rd Person	He/She *begins*	Ia *memulai*	They *begin*	Mereka *memulai*

Conjugation: Tenses

Tenses	English	Indonesian
Present Tense		
• Simple Present	I/You/We/You all/They *begin* He/She *begins*	Saya/Anda/Kami/Kalian/Mereka/Ia *memulai*
• Present Progressive	I *am beginning* You/We/You all/They *are beginning* He/She *is beginning*	Saya/Anda/Kami/Kalian/Mereka/Ia sedang *memulai*
• Present Perfect Simple	I/You/We/You all/They *have begun* He/She *has begun*	Saya/Anda/Kami/Kalian/Mereka/Ia **telah** *memulai*
• Present Perfect Progressive	I/You/We/You all/They *have been beginning* He/She *has been beginning*	Saya/Anda/Kami/Kalian/Mereka/Ia **telah** *memulai*
Past Tense		
• Simple Past	I/You/We/You all/They/He/She *began*	Saya/Anda/Kami/Kalian/Mereka/Ia *memulai*
• Past Progressive	You/We/You all/They *were beginning* I/He/She *was beginning*	Saya/Anda/Kami/Kalian/Mereka/Ia sedang *memulai*
• Past Perfect Simple	I/You/We/You all/They/He/She *had begun*	Saya/Anda/Kami/Kalian/Mereka/Ia **telah** *memulai*
• Past Perfect Progressive	I/You/We/You all/They/He/She *had been beginning*	Saya/Anda/Kami/Kalian/Mereka/Ia **telah** *memulai*
Future Tense		
• Future I Simple	I/You/We/You all/They/He/She *will begin*	Saya/Anda/Kami/Kalian/Mereka/Ia **akan** *memulai*
• Future I Simple	I *am going to begin* You/We/You all/They *are going to begin* He/She *is going to begin*	Saya/Anda/Kami/Kalian/Mereka/Ia **akan** *memulai*

•	Future Progressive I	I/You/We/You all/They/He/She _will be beginning_	Saya/Anda/Kami/Kalian/Mereka/Ia **akan** _memulai_
•	Future II Simple	I/You/We/You all/They/He/She _will have begun_	Saya/Anda/Kami/Kalian/Mereka/Ia **akan (telah)** _memulai_
•	Future II Progressive	I/You/We/You all/They/He/She _will have been beginning_	Saya/Anda/Kami/Kalian/Mereka/Ia **akan (telah)** _memulai_

To break
memecahkan (mɛ-mɛ-càh-kàn)

Conjugation: Person & Number

Person / Number	Singular	Plural
1st Person	I *break* Saya *memecahkan*	We *break* Kami *memecahkan*
2nd Person	You *break* Anda *memecahkan*	You all *break* Kalian *memecahkan*
3rd Person	He/She *breaks* Ia *memecahkan*	They *break* Mereka *memecahkan*

Conjugation: Tenses

Tenses	English	Indonesian
Present Tense		
• Simple Present	I/You/We/You all/They *break* He/She *breaks*	Saya/Anda/Kami/Kalian/Mereka/Ia *memecahkan*
• Present Progressive	I *am breaking* You/We/You all/They *are breaking* He/She *is breaking*	Saya/Anda/Kami/Kalian/Mereka/Ia sedang *memecahkan*
• Present Perfect Simple	I/You/We/You all/They *have broken* He/She *has broken*	Saya/Anda/Kami/Kalian/Mereka/Ia **telah** *memecahkan*
• Present Perfect Progressive	I/You/We/You all/They *have been breaking* He/She *has been breaking*	Saya/Anda/Kami/Kalian/Mereka/Ia **telah** *memecahkan*
Past Tense		
• Simple Past	I/You/We/You all/They/He/She *broke*	Saya/Anda/Kami/Kalian/Mereka/Ia *memecahkan*
• Past Progressive	You/We/You all/They *were breaking* I/He/She *was breaking*	Saya/Anda/Kami/Kalian/Mereka/Ia sedang *memecahkan*
• Past Perfect Simple	I/You/We/You all/They/He/She *had broken*	Saya/Anda/Kami/Kalian/Mereka/Ia **telah** *memecahkan*
• Past Perfect Progressive	I/You/We/You all/They/He/She *had been breaking*	Saya/Anda/Kami/Kalian/Mereka/Ia **telah** *memecahkan*
Future Tense		
• Future I Simple	I/You/We/You all/They/He/She *will break*	Saya/Anda/Kami/Kalian/Mereka/Ia **akan** *memecahkan*

• Future I Simple	I *am going to break* You/We/You all/They *are going to break* He/She *is going to break*	Saya/Anda/Kami/Kalian/Mereka/Ia ***aka**n memecahkan*
• Future I Progressive	I/You/We/You all/They/He/She *will be breaking*	Saya/Anda/Kami/Kalian/Mereka/Ia ***akan** memecahkan*
• Future II Simple	I/You/We/You all/They/He/She *will have broken*	Saya/Anda/Kami/Kalian/Mereka/Ia ***akan (telah)** memecahkan*
• Future II Progressive	I/You/We/You all/They/He/She *will have been breaking*	Saya/Anda/Kami/Kalian/Mereka/Ia ***akan (telah)** memecahkan*

To breathe

bernapas (bɛr-nà-pàs)

Conjugation: Person & Number

Person / Number	Singular		Plural	
1st Person	I *breathe*	Saya *bernapas*	We *breathe*	Kami *bernapas*
2nd Person	You *breathe*	Anda *bernapas*	You all *breathe*	Kalian *bernapas*
3rd Person	He/She *breathes*	Ia *bernapas*	They *breathe*	Mereka *bernapas*

Conjugation: Tenses

Tenses	English	Indonesian
Present Tense		
• Simple Present	I/You/We/You all/They *breathe* He/She *breathes*	Saya/Anda/Kami/Kalian/Mereka/Ia *bernapas*
• Present Progressive	I *am breathing* You/We/You all/They *are breathing* He/She *is breathing*	Saya/Anda/Kami/Kalian/Mereka/Ia sedang *bernapas*
• Present Perfect Simple	I/You/We/You all/They *have breathed* He/She *has breathed*	Saya/Anda/Kami/Kalian/Mereka/Ia **telah** *bernapas*
• Present Perfect Progressive	I/You/We/You all/They *have been breathing* He/She *has been breathing*	Saya/Anda/Kami/Kalian/Mereka/Ia **telah** *bernapas*
Past Tense		
• Simple Past	I/You/We/You all/They/He/She *breathed*	Saya/Anda/Kami/Kalian/Mereka/Ia *bernapas*
• Past Progressive	You/We/You all/They *were breathing* I/He/She *was breathing*	Saya/Anda/Kami/Kalian/Mereka/Ia sedang *bernapas*
• Past Perfect Simple	I/You/We/You all/They/He/She *had breathed*	Saya/Anda/Kami/Kalian/Mereka/Ia **telah** *bernapas*
• Past Perfect Progressive	I/You/We/You all/They/He/She *had been breathing*	Saya/Anda/Kami/Kalian/Mereka/Ia **telah** *bernapas*
Future Tense		
• Future I Simple	I/You/We/You all/They/He/She *will breathe*	Saya/Anda/Kami/Kalian/Mereka/Ia *akan bernapas*
• Future I Simple	I *am going to breathe* You/We/You all/They *are going to breathe* He/She *is going to breathe*	Saya/Anda/Kami/Kalian/Mereka/Ia *akan bernapas*

• Future I Progressive	I/You/We/You all/They/He/She _will be breathing_	Saya/Anda/Kami/Kalian/Mereka/Ia **_akan_** _bernapas_
• Future II Simple	I/You/We/You all/They/He/She _will have breathed_	Saya/Anda/Kami/Kalian/Mereka/Ia **_akan (telah)_** _bernapas_
• Future II Progressive	I/You/We/You all/They/He/She _will have been breathing_	Saya/Anda/Kami/Kalian/Mereka/Ia **_akan (telah)_** _bernapas_

To buy
membeli (mɛm-bɛ-lee)

Conjugation: Person & Number

Person / Number	Singular		Plural	
1st Person	I *buy*	Saya *membeli*	We *buy*	Kami *membeli*
2nd Person	You *buy*	Anda *membeli*	You all *buy*	Kalian *membeli*
3rd Person	He/She *buys*	Ia *membeli*	They *buy*	Mereka *membeli*

Conjugation: Tenses

Tenses	English	Indonesian
Present Tense		
• Simple Present	I/You/We/You all/They *buy* He/She *buys*	Saya/Anda/Kami/Kalian/Mereka/Ia *membeli*
• Present Progressive	I *am buying* You/We/You all/They *are buying* He/She *is buying*	Saya/Anda/Kami/Kalian/Mereka/Ia sedang *membeli*
• Present Perfect Simple	I/You/We/You all/They *have bought* He/She *has bought*	Saya/Anda/Kami/Kalian/Mereka/Ia *telah membeli*
• Present Perfect Progressive	I/You/We/You all/They *have been buying* He/She *has been buying*	Saya/Anda/Kami/Kalian/Mereka/Ia *telah membeli*
Past Tense		
• Simple Past	I/You/We/You all/They/He/She *bought*	Saya/Anda/Kami/Kalian/Mereka/Ia *membeli*
• Past Progressive	You/We/You all/They *were buying* I/He/She *was buying*	Saya/Anda/Kami/Kalian/Mereka/Ia sedang *membeli*
• Past Perfect Simple	I/You/We/You all/They/He/She *had bought*	Saya/Anda/Kami/Kalian/Mereka/Ia *telah membeli*
• Past Perfect Progressive	I/You/We/You all/They/He/She *had been buying*	Saya/Anda/Kami/Kalian/Mereka/Ia *telah membeli*
Future Tense		
• Future I Simple	I/You/We/You all/They/He/She *will buy*	Saya/Anda/Kami/Kalian/Mereka/Ia *akan membeli*
• Future I Simple	I *am going to buy* You/We/You all/They *are going to buy* He/She *is going to buy*	Saya/Anda/Kami/Kalian/Mereka/Ia *akan membeli*

•	Future I Progressive	I/You/We/You all/They/He/She _will_ _be_ _buying_	Saya/Anda/Kami/Kalian/Mereka/Ia ***akan*** _membeli_
•	Future II Simple	I/You/We/You all/They/He/She _will_ _have_ _bought_	Saya/Anda/Kami/Kalian/Mereka/Ia ***akan (telah)*** _membeli_
•	Future II Progressive	I/You/We/You all/They/He/She _will_ _have_ _been_ _buying_	Saya/Anda/Kami/Kalian/Mereka/Ia ***akan (telah)*** _membeli_

To call
memanggil (mɛ-màŋ-gíl)

Conjugation: Person & Number

Person / Number	Singular		Plural	
1st Person	I *call*	Saya *memanggil*	We *call*	Kami *memanggil*
2nd Person	You *call*	Anda *memanggil*	You all *call*	Kalian *memanggil*
3rd Person	He/She *calls*	Ia *memanggil*	They *call*	Mereka *memanggil*

Conjugation: Tenses

Tenses	English	Indonesian
Present Tense		
• Simple Present	I/You/We/You all/They *call* He/She *calls*	Saya/Anda/Kami/Kalian/Mereka/Ia *memanggil*
• Present Progressive	I *am calling* You/We/You all/They *are calling* He/She *is calling*	Saya/Anda/Kami/Kalian/Mereka/Ia sedang *memanggil*
• Present Perfect Simple	I/You/We/You all/They *have called* He/She *has called*	Saya/Anda/Kami/Kalian/Mereka/Ia **telah** *memanggil*
• Present Perfect Progressive	I/You/We/You all/They *have been calling* He/She *has been calling*	Saya/Anda/Kami/Kalian/Mereka/Ia **telah** *memanggil*
Past Tense		
• Simple Past	I/You/We/You all/They/He/She *called*	Saya/Anda/Kami/Kalian/Mereka/Ia *memanggil*
• Past Progressive	You/We/You all/They *were calling* I/He/She *was calling*	Saya/Anda/Kami/Kalian/Mereka/Ia sedang *memanggil*
• Past Perfect Simple	I/You/We/You all/They/He/She *had called*	Saya/Anda/Kami/Kalian/Mereka/Ia **telah** *memanggil*
• Past Perfect Progressive	I/You/We/You all/They/He/She *had been calling*	Saya/Anda/Kami/Kalian/Mereka/Ia **telah** *memanggil*
Future Tense		
• Future I Simple	I/You/We/You all/They/He/She *will call*	Saya/Anda/Kami/Kalian/Mereka/Ia **akan** *memanggil*
• Future I Simple	I *am going to call* You/We/You all/They *are going to call* He/She *is going to call*	Saya/Anda/Kami/Kalian/Mereka/Ia **akan** *memanggil*

• Future I Progressive	I/You/We/You all/They/He/She *will be calling*	Saya/Anda/Kami/Kalian/Mereka/Ia **akan** *memanggil*
• Future II Simple	I/You/We/You all/They/He/She *will have called*	Saya/Anda/Kami/Kalian/Mereka/Ia **akan (telah)** *memanggil*
• Future II Progressive	I/You/We/You all/They/He/She *will have been calling*	Saya/Anda/Kami/Kalian/Mereka/Ia **akan (telah)** *memanggil*

To can
mengalengkan (mɛ-ŋà-ləŋ-kàn)

Conjugation: Person & Number

Person / Number	Singular		Plural	
1st Person	I *can*	Saya *mengalengkan*	We *can*	Kami *mengalengkan*
2nd Person	You *can*	Anda *mengalengkan*	You all *can*	Kalian *mengalengkan*
3rd Person	He/She *cans*	Ia *mengalengkan*	They *can*	Mereka *mengalengkan*

Conjugation: Tenses

Tenses	English	Indonesian
Present Tense		
• Simple Present	I/You/We/You all/They *can* He/She *cans*	Saya/Anda/Kami/Kalian/Mereka/Ia *mengalengkan*
• Present Progressive	I *am canning* You/We/You all/They *are canning* He/She *is canning*	Saya/Anda/Kami/Kalian/Mereka/Ia sedang *mengalengkan*
• Present Perfect Simple	I/You/We/You all/They *have canned* He/She *has canned*	Saya/Anda/Kami/Kalian/Mereka/Ia **telah** *mengalengkan*
• Present Perfect Progressive	I/You/We/You all/They *have been canning* He/She *has been canning*	Saya/Anda/Kami/Kalian/Mereka/Ia **telah** *mengalengkan*
Past Tense		
• Simple Past	I/You/We/You all/They/He/She *canned*	Saya/Anda/Kami/Kalian/Mereka/Ia *mengalengkan*
• Past Progressive	You/We/You all/They *were canning* I/He/She *was canning*	Saya/Anda/Kami/Kalian/Mereka/Ia sedang *mengalengkan*
• Past Perfect Simple	I/You/We/You all/They/He/She *had canned*	Saya/Anda/Kami/Kalian/Mereka/Ia **telah** *mengalengkan*
• Past Perfect Progressive	I/You/We/You all/They/He/She *had been canning*	Saya/Anda/Kami/Kalian/Mereka/Ia **telah** *mengalengkan*
Future Tense		
• Future I Simple	I/You/We/You all/They/He/She *will can*	Saya/Anda/Kami/Kalian/Mereka/Ia **akan** *mengalengkan*

• Future I Simple	I *am going to can* You/We/You all/They *are going to can* He/She *is going to can*	Saya/Anda/Kami/Kalian/Mereka/Ia ***akan** mengalengkan*
• Future I Progressive	I/You/We/You all/They/He/She *will be canning*	Saya/Anda/Kami/Kalian/Mereka/Ia ***akan** mengalengkan*
• Future II Simple	I/You/We/You all/They/He/She *will have canned*	Saya/Anda/Kami/Kalian/Mereka/Ia ***akan (telah)** mengalengkan*
• Future II Progressive	I/You/We/You all/They/He/She *will have been canning*	Saya/Anda/Kami/Kalian/Mereka/Ia ***akan (telah)** mengalengkan*

To choose
memilih (mɛ-mee-líh)

Conjugation: Person & Number

Person / Number	Singular		Plural	
1st Person	I *choose*	Saya *memilih*	We *choose*	Kami *memilih*
2nd Person	You *choose*	Anda *memilih*	You all *choose*	Kalian *memilih*
3rd Person	He/She *chooses*	Ia *memilih*	They *choose*	Mereka *memilih*

Conjugation: Tenses

Tenses	English	Indonesian
Present Tense		
• Simple Present	I/You/We/You all/They *choose* He/She *chooses*	Saya/Anda/Kami/Kalian/Mereka/Ia *memilih*
• Present Progressive	I *am choosing* You/We/You all/They *are choosing* He/She *is choosing*	Saya/Anda/Kami/Kalian/Mereka/Ia sedang *memilih*
• Present Perfect Simple	I/You/We/You all/They *have chosen* He/She *has chosen*	Saya/Anda/Kami/Kalian/Mereka/Ia ***telah*** *memilih*
• Present Perfect Progressive	I/You/We/You all/They *have been choosing* He/She *has been choosing*	Saya/Anda/Kami/Kalian/Mereka/Ia ***telah*** *memilih*
Past Tense		
• Simple Past	I/You/We/You all/They *chose* He/She *chose*	Saya/Anda/Kami/Kalian/Mereka/Ia *memilih*
• Past Progressive	You/We/You all/They *were choosing* I/He/She *was choosing*	Saya/Anda/Kami/Kalian/Mereka/Ia sedang *memilih*
• Past Perfect Simple	I/You/We/You all/They/He/She *had chosen*	Saya/Anda/Kami/Kalian/Mereka/Ia ***telah*** *memilih*
• Past Perfect Progressive	I/You/We/You all/They/He/She *had been choosing*	Saya/Anda/Kami/Kalian/Mereka/Ia ***telah*** *memilih*
Future Tense		
• Future I Simple	I/You/We/You all/They/He/She *will choose*	Saya/Anda/Kami/Kalian/Mereka/Ia ***akan*** *memilih*
• Future I Simple	I *am going to choose* You/We/You all/They *are going to choose* He/She *is going to choose*	Saya/Anda/Kami/Kalian/Mereka/Ia ***akan*** *memilih*

• Future I Progressive	I/You/We/You all/They/He/She _will_ _be_ _choosing_	Saya/Anda/Kami/Kalian/Mereka/Ia ***akan*** _memilih_
• Future II Simple	I/You/We/You all/They/He/She _will_ _have_ _chosen_	Saya/Anda/Kami/Kalian/Mereka/Ia ***akan (telah)*** _memilih_
• Future II Progressive	I/You/We/You all/They/He/She _will_ _have_ _been_ _choosing_	Saya/Anda/Kami/Kalian/Mereka/Ia ***akan (telah)*** _memilih_

To close
menutup (mɛ-nóo-tóop)

Conjugation: Person & Number

Person / Number	Singular		Plural	
1st Person	I *close*	Saya *menutup*	We *close*	Kami *menutup*
2nd Person	You *close*	Anda *menutup*	You all *close*	Kalian *menutup*
3rd Person	He/She *closes*	Ia *menutup*	They *close*	Mereka *menutup*

Conjugation: Tenses

Tenses	English	Indonesian
Present Tense		
• Simple Present	I/You/We/You all/They *close* He/She *closes*	Saya/Anda/Kami/Kalian/Mereka/Ia *menutup*
• Present Progressive	I *am closing* You/We/You all/They *are closing* He/She *is closing*	Saya/Anda/Kami/Kalian/Mereka/Ia sedang *menutup*
• Present Perfect Simple	I/You/We/You all/They *have closed* He/She *has closed*	Saya/Anda/Kami/Kalian/Mereka/Ia *telah menutup*
• Present Perfect Progressive	I/You/We/You all/They *have been closing* He/She *has been closing*	Saya/Anda/Kami/Kalian/Mereka/Ia *telah menutup*
Past Tense		
• Simple Past	I/You/We/You all/They/He/She *closed*	Saya/Anda/Kami/Kalian/Mereka/Ia *menutup*
• Past Progressive	You/We/You all/They *were closing* I/He/She *was closing*	Saya/Anda/Kami/Kalian/Mereka/Ia sedang *menutup*
• Past Perfect Simple	I/You/We/You all/They/He/She *had closed*	Saya/Anda/Kami/Kalian/Mereka/Ia *telah menutup*
• Past Perfect Progressive	I/You/We/You all/They/He/She *had been closing*	Saya/Anda/Kami/Kalian/Mereka/Ia *telah menutup*
Future Tense		
• Future I Simple	I/You/We/You all/They/He/She *will close*	Saya/Anda/Kami/Kalian/Mereka/Ia *akan menutup*
• Future I Simple	I *am going to close* You/We/You all/They *are going to close* He/She *is going to close*	Saya/Anda/Kami/Kalian/Mereka/Ia *akan menutup*

• Future I Progressive	I/You/We/You all/They/He/She _will_ _be_ _closing_	Saya/Anda/Kami/Kalian/Mereka/Ia ***akan*** _menutup_
• Future II Simple	I/You/We/You all/They/He/She _will_ _have_ _closed_	Saya/Anda/Kami/Kalian/Mereka/Ia ***akan (telah)*** _menutup_
• Future II Progressive	I/You/We/You all/They/He/She _will_ _have_ _been_ _closing_	Saya/Anda/Kami/Kalian/Mereka/Ia ***akan (telah)*** _menutup_

To come
datang (dàa-tàaŋ)

Conjugation: Person & Number

Person / Number	Singular		Plural	
1st Person	I *come*	Saya *datang*	We *come*	Kami *datang*
2nd Person	You *come*	Anda *datang*	You all *come*	Kalian *datang*
3rd Person	He/She *comes*	Ia *datang*	They *come*	Mereka *datang*

Conjugation: Tenses

Tenses	English	Indonesian
Present Tense		
• Simple Present	I/You/We/You all/They *come* He/She *comes*	Saya/Anda/Kami/Kalian/Mereka/Ia *datang*
• Present Progressive	I *am coming* You/We/You all/They *are coming* He/She *is coming*	Saya/Anda/Kami/Kalian/Mereka/Ia *datang*
• Present Perfect Simple	I/You/We/You all/They *have come* He/She *has come*	Saya/Anda/Kami/Kalian/Mereka/Ia ***telah*** *datang*
• Present Perfect Progressive	I/You/We/You all/They *have been coming* He/She *has been coming*	Saya/Anda/Kami/Kalian/Mereka/Ia ***telah*** *datang*
Past Tense		
• Simple Past	I/You/We/You all/They/He/She *came*	Saya/Anda/Kami/Kalian/Mereka/Ia *datang*
• Past Progressive	You/We/You all/They *were coming* I/He/She *was coming*	Saya/Anda/Kami/Kalian/Mereka/Ia *datang*
• Past Perfect Simple	I/You/We/You all/They/He/She *had come*	Saya/Anda/Kami/Kalian/Mereka/Ia ***telah*** *datang*
• Past Perfect Progressive	I/You/We/You all/They/He/She *had been coming*	Saya/Anda/Kami/Kalian/Mereka/Ia ***telah*** *datang*
Future Tense		
• Future I Simple	I/You/We/You all/They/He/She *will come*	Saya/Anda/Kami/Kalian/Mereka/Ia ***akan*** *datang*
• Future I Simple	I *am going to come* You/We/You all/They *are going to come* He/She *is going to come*	Saya/Anda/Kami/Kalian/Mereka/Ia ***akan*** *datang*

•	Future I Progressive	I/You/We/You all/They/He/She _will be coming_	Saya/Anda/Kami/Kalian/Mereka/Ia **akan** _datang_
•	Future II Simple	I/You/We/You all/They/He/She _will have come_	Saya/Anda/Kami/Kalian/Mereka/Ia **akan (telah)** _datang_
•	Future II Progressive	I/You/We/You all/They/He/She _will have been coming_	Saya/Anda/Kami/Kalian/Mereka/Ia **akan (telah)** _datang_

To cook
memasak (mɛ-mà-sàk)

Conjugation: Person & Number

Person / Number	Singular		Plural	
1st Person	I *cook*	Saya *memasak*	We *cook*	Kami *memasak*
2nd Person	You *cook*	Anda *memasak*	You all *cook*	Kalian *memasak*
3rd Person	He/She *cooks*	Ia *memasak*	They *cook*	Mereka *memasak*

Conjugation: Tenses

Tenses	English	Indonesian
Present Tense		
• Simple Present	I/You/We/You all/They *cook* He/She *cooks*	Saya/Anda/Kami/Kalian/Mereka/Ia *memasak*
• Present Progressive	I *am cooking* You/We/You all/They *are cooking* He/She *is cooking*	Saya/Anda/Kami/Kalian/Mereka/Ia sedang *memasak*
• Present Perfect Simple	I/You/We/You all/They *have cooked* He/She *has cooked*	Saya/Anda/Kami/Kalian/Mereka/Ia *telah memasak*
• Present Perfect Progressive	I/You/We/You all/They *have been cooking* He/She *has been cooking*	Saya/Anda/Kami/Kalian/Mereka/Ia *telah memasak*
Past Tense		
• Simple Past	I/You/We/You all/They/He/She *cooked*	Saya/Anda/Kami/Kalian/Mereka/Ia *memasak*
• Past Progressive	You/We/You all/They *were cooking* I/He/She *was cooking*	Saya/Anda/Kami/Kalian/Mereka/Ia sedang *memasak*
• Past Perfect Simple	I/You/We/You all/They/He/She *had cooked*	Saya/Anda/Kami/Kalian/Mereka/Ia *telah memasak*
• Past Perfect Progressive	I/You/We/You all/They/He/She *had been cooking*	Saya/Anda/Kami/Kalian/Mereka/Ia *telah memasak*
Future Tense		
• Future I Simple	I/You/We/You all/They/He/She *will cook*	Saya/Anda/Kami/Kalian/Mereka/Ia *akan memasak*
• Future I Simple	I *am going to cook* You/We/You all/They *are going to cook* He/She *is going to cook*	Saya/Anda/Kami/Kalian/Mereka/Ia *akan memasak*

•	Future I Progressive	I/You/We/You all/They/He/She _will be cooking_	Saya/Anda/Kami/Kalian/Mereka/Ia **_akan_** _memasak_
•	Future II Simple	I/You/We/You all/They/He/She _will have cooked_	Saya/Anda/Kami/Kalian/Mereka/Ia **_akan (telah)_** _memasak_
•	Future II Progressive	I/You/We/You all/They/He/She _will have been cooking_	Saya/Anda/Kami/Kalian/Mereka/Ia **_akan (telah)_** _memasak_

To cry
menangis (mɛ-nà-ŋís)

Conjugation: Person & Number

Person / Number	Singular		Plural	
1st Person	I *cry*	Saya *menangis*	We *cry*	Kami *menangis*
2nd Person	You *cry*	Anda *menangis*	You all *cry*	Kalian *menangis*
3rd Person	He/She *cries*	Ia *menangis*	They *cry*	Mereka *menangis*

Conjugation: Tenses

Tenses	English	Indonesian
Present Tense		
• Simple Present	I/You/We/You all/They *cry* He/She *cries*	Saya/Anda/Kami/Kalian/Mereka/Ia *menangis*
• Present Progressive	I *am crying* You/We/You all/They *are crying* He/She *is crying*	Saya/Anda/Kami/Kalian/Mereka/Ia sedang *menangis*
• Present Perfect Simple	I/You/We/You all/They *have cried* He/She *has cried*	Saya/Anda/Kami/Kalian/Mereka/Ia **telah** *menangis*
• Present Perfect Progressive	I/You/We/You all/They *have been crying* He/She *has been crying*	Saya/Anda/Kami/Kalian/Mereka/Ia **telah** *menangis*
Past Tense		
• Simple Past	I/You/We/You all/They/He/She *cried*	Saya/Anda/Kami/Kalian/Mereka/Ia *menangis*
• Past Progressive	You/We/You all/They *were crying* I/He/She *was crying*	Saya/Anda/Kami/Kalian/Mereka/Ia sedang *menangis*
• Past Perfect Simple	I/You/We/You all/They/He/She *had cried*	Saya/Anda/Kami/Kalian/Mereka/Ia **telah** *menangis*
• Past Perfect Progressive	I/You/We/You all/They/He/She *had been crying*	Saya/Anda/Kami/Kalian/Mereka/Ia **telah** *menangis*
Future Tense		
• Future I Simple	I/You/We/You all/They/He/She *will cry*	Saya/Anda/Kami/Kalian/Mereka/Ia **akan** *menangis*
• Future I Simple	I *am going to cry* You/We/You all/They *are going to cry* He/She *is going to cry*	Saya/Anda/Kami/Kalian/Mereka/Ia **akan** *menangis*

• Future I Progressive	I/You/We/You all/They/He/She _will be crying_	Saya/Anda/Kami/Kalian/Mereka/Ia **_akan_** _menangis_
• Future II Simple	I/You/We/You all/They/He/She _will have cried_	Saya/Anda/Kami/Kalian/Mereka/Ia **_akan (telah)_** _menangis_
• Future II Progressive	I/You/We/You all/They/He/She _will have been crying_	Saya/Anda/Kami/Kalian/Mereka/Ia **_akan (telah)_** _menangis_

To dance
menari (mɛ-nà-ree)

Conjugation: Person & Number

Person / Number	Singular		Plural	
1st Person	I *dance*	Saya *menari*	We *dance*	Kami *menari*
2nd Person	You *dance*	Anda *menari*	You all *dance*	Kalian *menari*
3rd Person	He/She *dances*	Ia *menari*	They *dance*	Mereka *menari*

Conjugation: Tenses

Tenses	English	Indonesian
Present Tense		
• Simple Present	I/You/We/You all/They *dance* He/She *dances*	Saya/Anda/Kami/Kalian/Mereka/Ia *menari*
• Present Progressive	I *am dancing* You/We/You all/They *are dancing* He/She *is dancing*	Saya/Anda/Kami/Kalian/Mereka/Ia sedang *menari*
• Present Perfect Simple	I/You/We/You all/They *have danced* He/She *has danced*	Saya/Anda/Kami/Kalian/Mereka/Ia **telah** *menari*
• Present Perfect Progressive	I/You/We/You all/They *have been dancing* He/She *has been dancing*	Saya/Anda/Kami/Kalian/Mereka/Ia **telah** *menari*
Past Tense		
• Simple Past	I/You/We/You all/They/He/She *danced*	Saya/Anda/Kami/Kalian/Mereka/Ia *menari*
• Past Progressive	You/We/You all/They *were dancing* I/He/She *was dancing*	Saya/Anda/Kami/Kalian/Mereka/Ia sedang *menari*
• Past Perfect Simple	I/You/We/You all/They/He/She *had danced*	Saya/Anda/Kami/Kalian/Mereka/Ia **telah** *menari*
• Past Perfect Progressive	I/You/We/You all/They/He/She *had been dancing*	Saya/Anda/Kami/Kalian/Mereka/Ia **telah** *menari*
Future Tense		
• Future I Simple	I/You/We/You all/They/He/She *will dance*	Saya/Anda/Kami/Kalian/Mereka/Ia *akan menari*
• Future I Simple	I *am going to dance* You/We/You all/They *are going to dance* He/She *is going to dance*	Saya/Anda/Kami/Kalian/Mereka/Ia *akan menari*

• Future I Progressive	I/You/We/You all/They/He/She _will be dancing_	Saya/Anda/Kami/Kalian/Mereka/Ia **_akan_** _menari_
• Future II Simple	I/You/We/You all/They/He/She _will have danced_	Saya/Anda/Kami/Kalian/Mereka/Ia **_akan (telah)_** _menari_
• Future II Progressive	I/You/We/You all/They/He/She _will have been dancing_	Saya/Anda/Kami/Kalian/Mereka/Ia **_akan (telah)_** _menari_

To decide

memutuskan (mɛ-móo-tóos-kàn)

Conjugation: Person & Number

Person / Number	Singular	Plural
1st Person	I *decide* Saya *memutuskan*	We *decide* Kami *memutuskan*
2nd Person	You *decide* Anda *memutuskan*	You all *decide* Kalian *memutuskan*
3rd Person	He/She *decides* Ia *memutuskan*	They *decide* Mereka *memutuskan*

Conjugation: Tenses

Tenses	English	Indonesian
Present Tense		
• Simple Present	I/You/We/You all/They *decide* He/She *decides*	Saya/Anda/Kami/Kalian/Mereka/Ia *memutuskan*
• Present Progressive	I *am deciding* You/We/You all/They *are deciding* He/She *is deciding*	Saya/Anda/Kami/Kalian/Mereka/Ia *sedang memutuskan*
• Present Perfect Simple	I/You/We/You all/They *have decided* He/She *has decided*	Saya/Anda/Kami/Kalian/Mereka/Ia **telah** *memutuskan*
• Present Perfect Progressive	I/You/We/You all/They *have been deciding* He/She *has been deciding*	Saya/Anda/Kami/Kalian/Mereka/Ia **telah** *memutuskan*
Past Tense		
• Simple Past	I/You/We/You all/They *decided* He/She *decided*	Saya/Anda/Kami/Kalian/Mereka/Ia *memutuskan*
• Past Progressive	You/We/You all/They *were deciding* I/He/She *was deciding*	Saya/Anda/Kami/Kalian/Mereka/Ia *sedang memutuskan*
• Past Perfect Simple	I/You/We/You all/They/He/She *had decided*	Saya/Anda/Kami/Kalian/Mereka/Ia **telah** *memutuskan*
• Past Perfect Progressive	I/You/We/You all/They/He/She *had been deciding*	Saya/Anda/Kami/Kalian/Mereka/Ia **telah** *memutuskan*
Future Tense		
• Future I Simple	I/You/We/You all/They/He/She *will decide*	Saya/Anda/Kami/Kalian/Mereka/Ia **akan** *memutuskan*

• Future I Simple	I *am going to decide* You/We/You all/They *are going to decide* He/She *is going to decide*	Saya/Anda/Kami/Kalian/Mereka/Ia ***akan** memutuskan*
• Future I Progressive	I/You/We/You all/They/He/She *will be deciding*	Saya/Anda/Kami/Kalian/Mereka/Ia ***akan** memutuskan*
• Future II Simple	I/You/We/You all/They/He/She *will have decided*	Saya/Anda/Kami/Kalian/Mereka/Ia ***akan (telah)** memutuskan*
• Future II Progressive	I/You/We/You all/They/He/She *will have been deciding*	Saya/Anda/Kami/Kalian/Mereka/Ia ***akan (telah)** memutuskan*

To decrease
menurunkan (mɛ-nóo-róon-kàn)

Conjugation: Person & Number

Person / Number	Singular	Plural
1st Person	I *decrease* Saya *menurunkan*	We *decrease* Kami *menurunkan*
2nd Person	You *decrease* Anda *menurunkan*	You all *decrease* Kalian *menurunkan*
3rd Person	He/She *decreases* Ia *menurunkan*	They *decrease* Mereka *menurunkan*

Conjugation: Tenses

Tenses	English	Indonesian
Present Tense		
• Simple Present	I/You/We/You all/They *decrease* He/She *decreases*	Saya/Anda/Kami/Kalian/Mereka/Ia *menurunkan*
• Present Progressive	I *am decreasing* You/We/You all/They *are decreasing* He/She *is decreasing*	Saya/Anda/Kami/Kalian/Mereka/Ia sedang *menurunkan*
• Present Perfect Simple	I/You/We/You all/They *have decreased* He/She *has decreased*	Saya/Anda/Kami/Kalian/Mereka/Ia *telah menurunkan*
• Present Perfect Progressive	I/You/We/You all/They *have been decreasing* He/She *has been decreasing*	Saya/Anda/Kami/Kalian/Mereka/Ia *telah menurunkan*
Past Tense		
• Simple Past	I/You/We/You all/They/He/She *decreased*	Saya/Anda/Kami/Kalian/Mereka/Ia *menurunkan*
• Past Progressive	You/We/You all/They *were decreasing* I/He/She *was decreasing*	Saya/Anda/Kami/Kalian/Mereka/Ia sedang *menurunkan*
• Past Perfect Simple	I/You/We/You all/They/He/She *had decreased*	Saya/Anda/Kami/Kalian/Mereka/Ia *telah menurunkan*
• Past Perfect Progressive	I/You/We/You all/They/He/She *had been decreasing*	Saya/Anda/Kami/Kalian/Mereka/Ia *telah menurunkan*
Future Tense		

•	Future I Simple	I/You/We/You all/They/He/She _will_ _decrease_	Saya/Anda/Kami/Kalian/Mereka/Ia **_akan_** _menurunkan_
•	Future I Simple	I _am going to_ _decrease_ You/We/You all/They _are going to_ _decrease_ He/She _is going to_ _decrease_	Saya/Anda/Kami/Kalian/Mereka/Ia **_akan_** _menurunkan_
•	Future I Progressive	I/You/We/You all/They/He/She _will_ _be decreasing_	Saya/Anda/Kami/Kalian/Mereka/Ia **_akan_** _menurunkan_
•	Future II Simple	I/You/We/You all/They/He/She _will_ _have decreased_	Saya/Anda/Kami/Kalian/Mereka/Ia **_akan (telah)_** _menurunkan_
•	Future II Progressive	I/You/We/You all/They/He/She _will_ _have been decreasing_	Saya/Anda/Kami/Kalian/Mereka/Ia **_akan (telah)_** _menurunkan_

To die
mati (mà-tee)

Conjugation: Person & Number

Person / Number	Singular		Plural	
1st Person	I *die*	Saya *mati*	We *die*	Kami *mati*
2nd Person	You *die*	Anda *mati*	You all *die*	Kalian *mati*
3rd Person	He/She *dies*	Ia *mati*	They *die*	Mereka *mati*

Conjugation: Tenses

Tenses	English	Indonesian
Present Tense		
• Simple Present	I/You/We/You all/They *die* He/She *dies*	Saya/Anda/Kami/Kalian/Mereka/Ia *mati*
• Present Progressive	I *am dying* You/We/You all/They *are dying* He/She *is dying*	Saya/Anda/Kami/Kalian/Mereka/Ia *mati*
• Present Perfect Simple	I/You/We/You all/They *have died* He/She *has died*	Saya/Anda/Kami/Kalian/Mereka/Ia **telah** *mati*
• Present Perfect Progressive	I/You/We/You all/They *have been dying* He/She *has been dying*	Saya/Anda/Kami/Kalian/Mereka/Ia **telah** *mati*
Past Tense		
• Simple Past	I/You/We/You all/They/He/She *died*	Saya/Anda/Kami/Kalian/Mereka/Ia *mati*
• Past Progressive	You/We/You all/They *were dying* I/He/She *was dying*	Saya/Anda/Kami/Kalian/Mereka/Ia *mati*
• Past Perfect Simple	I/You/We/You all/They/He/She *had died*	Saya/Anda/Kami/Kalian/Mereka/Ia **telah** *mati*
• Past Perfect Progressive	I/You/We/You all/They/He/She *had been dying*	Saya/Anda/Kami/Kalian/Mereka/Ia **telah** *mati*
Future Tense		
• Future I Simple	I/You/We/You all/They/He/She *will die*	Saya/Anda/Kami/Kalian/Mereka/Ia **akan** *mati*
• Future I Simple	I *am going to die* You/We/You all/They *are going to die* He/She *is going to die*	Saya/Anda/Kami/Kalian/Mereka/Ia **akan** *mati*

•	Future I Progressive	I/You/We/You all/They/He/She *will be dying*	Saya/Anda/Kami/Kalian/Mereka/Ia ***akan*** *mati*
•	Future II Simple	I/You/We/You all/They/He/She *will have died*	Saya/Anda/Kami/Kalian/Mereka/Ia ***akan (telah)*** *mati*
•	Future II Progressive	I/You/We/You all/They/He/She *will have been dying*	Saya/Anda/Kami/Kalian/Mereka/Ia ***akan (telah)*** *mati*

To do

melakukan (mɛ-là-kóo-kàn)

Conjugation: Person & Number

Person / Number	Singular		Plural	
1st Person	I *do*	Saya *melakukan*	We *do*	Kami *melakukan*
2nd Person	You *do*	Anda *melakukan*	You all *do*	Kalian *melakukan*
3rd Person	He/She *does*	Ia *melakukan*	They *do*	Mereka *melakukan*

Conjugation: Tenses

Tenses	English	Indonesian
Present Tense		
• Simple Present	I/You/We/You all/They *do* He/She *does*	Saya/Anda/Kami/Kalian/Mereka/Ia *melakukan*
• Present Progressive	I *am doing* You/We/You all/They *are doing* He/She *is doing*	Saya/Anda/Kami/Kalian/Mereka/Ia sedang *melakukan*
• Present Perfect Simple	I/You/We/You all/They *have done* He/She *has done*	Saya/Anda/Kami/Kalian/Mereka/Ia **telah** *melakukan*
• Present Perfect Progressive	I/You/We/You all/They *have been doing* He/She *has been doing*	Saya/Anda/Kami/Kalian/Mereka/Ia **telah** *melakukan*
Past Tense		
• Simple Past	I/You/We/You all/They/He/She *did*	Saya/Anda/Kami/Kalian/Mereka/Ia *melakukan*
• Past Progressive	You/We/You all/They *were doing* I/He/She *was doing*	Saya/Anda/Kami/Kalian/Mereka/Ia sedang *melakukan*
• Past Perfect Simple	I/You/We/You all/They/He/She *had done*	Saya/Anda/Kami/Kalian/Mereka/Ia **telah** *melakukan*
• Past Perfect Progressive	I/You/We/You all/They/He/She *had been doing*	Saya/Anda/Kami/Kalian/Mereka/Ia **telah** *melakukan*
Future Tense		
• Future I Simple	I/You/We/You all/They/He/She *will do*	Saya/Anda/Kami/Kalian/Mereka/Ia **akan** *melakukan*
• Future I Simple	I *am going to do* You/We/You all/They *are going to do* He/She *is going to do*	Saya/Anda/Kami/Kalian/Mereka/Ia **akan** *melakukan*

• Future I Progressive	I/You/We/You all/They/He/She _will_ _be_ _doing_	Saya/Anda/Kami/Kalian/Mereka/Ia **_akan_** _melakukan_
• Future II Simple	I/You/We/You all/They/He/She _will_ _have_ _done_	Saya/Anda/Kami/Kalian/Mereka/Ia **_akan (telah)_** _melakukan_
• Future II Progressive	I/You/We/You all/They/He/She _will_ _have_ _been_ _doing_	Saya/Anda/Kami/Kalian/Mereka/Ia **_akan (telah)_** _melakukan_

To drink

minum (mee-nóom)

Conjugation: Person & Number

Person / Number	Singular		Plural	
1st Person	I *drink*	Saya *minum*	We *drink*	Kami *minum*
2nd Person	You *drink*	Anda *minum*	You all *drink*	Kalian *minum*
3rd Person	He/She *drinks*	Ia *minum*	They *drink*	Mereka *minum*

Conjugation: Tenses

Tenses	English	Indonesian
Present Tense		
• Simple Present	I/You/We/You all/They *drink* He/She *drinks*	Saya/Anda/Kami/Kalian/Mereka/Ia *minum*
• Present Progressive	I *am drinking* You/We/You all/They *are drinking* He/She *is drinking*	Saya/Anda/Kami/Kalian/Mereka/Ia sedang *minum*
• Present Perfect Simple	I/You/We/You all/They *have drunk* He/She *has drunk*	Saya/Anda/Kami/Kalian/Mereka/Ia **telah** *minum*
• Present Perfect Progressive	I/You/We/You all/They *have been drinking* He/She *has been drinking*	Saya/Anda/Kami/Kalian/Mereka/Ia **telah** *minum*
Past Tense		
• Simple Past	I/You/We/You all/They/He/She *drank*	Saya/Anda/Kami/Kalian/Mereka/Ia *minum*
• Past Progressive	You/We/You all/They *were drinking* I/He/She *was drinking*	Saya/Anda/Kami/Kalian/Mereka/Ia sedang *minum*
• Past Perfect Simple	I/You/We/You all/They/He/She *had drunk*	Saya/Anda/Kami/Kalian/Mereka/Ia **telah** *minum*
• Past Perfect Progressive	I/You/We/You all/They/He/She *had been drinking*	Saya/Anda/Kami/Kalian/Mereka/Ia **telah** *minum*
Future Tense		
• Future I Simple	I/You/We/You all/They/He/She *will drink*	Saya/Anda/Kami/Kalian/Mereka/Ia **akan** *minum*
• Future I Simple	I *am going to drink* You/We/You all/They *are going to drink* He/She *is going to drink*	Saya/Anda/Kami/Kalian/Mereka/Ia **akan** *minum*

• Future I Progressive	I/You/We/You all/They/He/She _will be drinking_	Saya/Anda/Kami/Kalian/Mereka/Ia **_akan_** _minum_
• Future II Simple	I/You/We/You all/They/He/She _will have drunk_	Saya/Anda/Kami/Kalian/Mereka/Ia **_akan (telah)_** _minum_
• Future II Progressive	I/You/We/You all/They/He/She _will have been drinking_	Saya/Anda/Kami/Kalian/Mereka/Ia **_akan (telah)_** _minum_

To drive
mengemudi (mɛ-ŋɛ-móo-dee)

Conjugation: Person & Number

Person / Number	Singular		Plural	
1st Person	I *drive*	Saya *mengemudi*	We *drive*	Kami *mengemudi*
2nd Person	You *drive*	Anda *mengemudi*	You all *drive*	Kalian *mengemudi*
3rd Person	He/She *drives*	Ia *mengemudi*	They *drive*	Mereka *mengemudi*

Conjugation: Tenses

Tenses	English	Indonesian
Present Tense		
• Simple Present	I/You/We/You all/They *drive* He/She *drives*	Saya/Anda/Kami/Kalian/Mereka/Ia *mengemudi*
• Present Progressive	I *am driving* You/We/You all/They *are driving* He/She *is driving*	Saya/Anda/Kami/Kalian/Mereka/Ia sedang *mengemudi*
• Present Perfect Simple	I/You/We/You all/They *have driven* He/She *has driven*	Saya/Anda/Kami/Kalian/Mereka/Ia *telah mengemudi*
• Present Perfect Progressive	I/You/We/You all/They *have been driving* He/She *has been driving*	Saya/Anda/Kami/Kalian/Mereka/Ia *telah mengemudi*
Past Tense		
• Simple Past	I/You/We/You all/They/He/She *drove*	Saya/Anda/Kami/Kalian/Mereka/Ia *mengemudi*
• Past Progressive	You/We/You all/They *were driving* I/He/She *was driving*	Saya/Anda/Kami/Kalian/Mereka/Ia sedang *mengemudi*
• Past Perfect Simple	I/You/We/You all/They/He/She *had driven*	Saya/Anda/Kami/Kalian/Mereka/Ia *telah mengemudi*
• Past Perfect Progressive	I/You/We/You all/They/He/She *had been driving*	Saya/Anda/Kami/Kalian/Mereka/Ia *telah mengemudi*
Future Tense		
• Future I Simple	I/You/We/You all/They/He/She *will drive*	Saya/Anda/Kami/Kalian/Mereka/Ia *akan mengemudi*
• Future I Simple	I *am going to drive* You/We/You all/They *are going to drive* He/She *is going to drive*	Saya/Anda/Kami/Kalian/Mereka/Ia *akan mengemudi*

•	Future I Progressive	I/You/We/You all/They/He/She _will be driving_	Saya/Anda/Kami/Kalian/Mereka/Ia **_akan_** _mengemudi_
•	Future II Simple	I/You/We/You all/They/He/She _will have driven_	Saya/Anda/Kami/Kalian/Mereka/Ia **_akan (telah)_** _mengemudi_
•	Future II Progressive	I/You/We/You all/They/He/She _will have been driving_	Saya/Anda/Kami/Kalian/Mereka/Ia **_akan (telah)_** _mengemudi_

To eat

makan (mà-kàn)

Conjugation: Person & Number

Person / Number	Singular		Plural	
1st Person	I *eat*	Saya *makan*	We *eat*	Kami *makan*
2nd Person	You *eat*	Anda *makan*	You all *eat*	Kalian *makan*
3rd Person	He/She *eats*	Ia *makan*	They *eat*	Mereka *makan*

Conjugation: Tenses

Tenses	English	Indonesian
Present Tense		
• Simple Present	I/You/We/You all/They *eat* He/She *eats*	Saya/Anda/Kami/Kalian/Mereka/Ia *makan*
• Present Progressive	I *am eating* You/We/You all/They *are eating* He/She *is eating*	Saya/Anda/Kami/Kalian/Mereka/Ia *sedang makan*
• Present Perfect Simple	I/You/We/You all/They *have eaten* He/She *has eaten*	Saya/Anda/Kami/Kalian/Mereka/Ia *telah makan*
• Present Perfect Progressive	I/You/We/You all/They *have been eating* He/She *has been eating*	Saya/Anda/Kami/Kalian/Mereka/Ia *telah makan*
Past Tense		
• Simple Past	I/You/We/You all/They/He/She *ate*	Saya/Anda/Kami/Kalian/Mereka/Ia *makan*
• Past Progressive	You/We/You all/They *were eating* I/He/She *was eating*	Saya/Anda/Kami/Kalian/Mereka/Ia *sedang makan*
• Past Perfect Simple	I/You/We/You all/They/He/She *had eaten*	Saya/Anda/Kami/Kalian/Mereka/Ia *telah makan*
• Past Perfect Progressive	I/You/We/You all/They/He/She *had been eating*	Saya/Anda/Kami/Kalian/Mereka/Ia *telah makan*
Future Tense		
• Future I Simple	I/You/We/You all/They/He/She *will eat*	Saya/Anda/Kami/Kalian/Mereka/Ia *akan makan*
• Future I Simple	I *am going to eat* You/We/You all/They *are going to eat* He/She *is going to eat*	Saya/Anda/Kami/Kalian/Mereka/Ia *akan makan*

• Future Progressive I		I/You/We/You all/They/He/She *will be eating*	Saya/Anda/Kami/Kalian/Mereka/Ia *akan makan*
• Future II Simple		I/You/We/You all/They/He/She *will have eaten*	Saya/Anda/Kami/Kalian/Mereka/Ia *akan (telah) makan*
• Future Progressive II		I/You/We/You all/They/He/She *will have been eating*	Saya/Anda/Kami/Kalian/Mereka/Ia *akan (telah) makan*

To enter
masuk (mà-sóok)

Conjugation: Person & Number

Person / Number	Singular	Plural
1st Person	I *enter* Saya *masuk*	We *enter* Kami *masuk*
2nd Person	You *enter* Anda *masuk*	You all *enter* Kalian *masuk*
3rd Person	He/She *enters* Ia *masuk*	They *enter* Mereka *masuk*

Conjugation: Tenses

Tenses	English	Indonesian
Present Tense		
• Simple Present	I/You/We/You all/They *enter* He/She *enters*	Saya/Anda/Kami/Kalian/Mereka/Ia *masuk*
• Present Progressive	I *am entering* You/We/You all/They *are entering* He/She *is entering*	Saya/Anda/Kami/Kalian/Mereka/Ia *sedang masuk*
• Present Perfect Simple	I/You/We/You all/They *have entered* He/She *has entered*	Saya/Anda/Kami/Kalian/Mereka/Ia *telah masuk*
• Present Perfect Progressive	I/You/We/You all/They *have been entering* He/She *has been entering*	Saya/Anda/Kami/Kalian/Mereka/Ia *telah masuk*
Past Tense		
• Simple Past	I/You/We/You all/They/He/She *entered*	Saya/Anda/Kami/Kalian/Mereka/Ia *masuk*
• Past Progressive	You/We/You all/They *were entering* I/He/She *was entering*	Saya/Anda/Kami/Kalian/Mereka/Ia *sedang masuk*
• Past Perfect Simple	I/You/We/You all/They/He/She *had entered*	Saya/Anda/Kami/Kalian/Mereka/Ia *telah masuk*
• Past Perfect Progressive	I/You/We/You all/They/He/She *had been entering*	Saya/Anda/Kami/Kalian/Mereka/Ia *telah masuk*
Future Tense		
• Future I Simple	I/You/We/You all/They/He/She *will enter*	Saya/Anda/Kami/Kalian/Mereka/Ia *akan masuk*
• Future I Simple	I *am going to enter* You/We/You all/They *are going to enter* He/She *is going to enter*	Saya/Anda/Kami/Kalian/Mereka/Ia *akan masuk*

• Future I Progressive	I/You/We/You all/They/He/She will be entering	Saya/Anda/Kami/Kalian/Mereka/Ia *akan* masuk
• Future II Simple	I/You/We/You all/They/He/She will have entered	Saya/Anda/Kami/Kalian/Mereka/Ia *akan (telah)* masuk
• Future II Progressive	I/You/We/You all/They/He/She will have been entering	Saya/Anda/Kami/Kalian/Mereka/Ia *akan (telah)* masuk

To exit
keluar (kɛ-lóo-wàr)

Conjugation: Person & Number

Person / Number	Singular		Plural	
1st Person	I *exit*	Saya *keluar*	We *exit*	Kami *keluar*
2nd Person	You *exit*	Anda *keluar*	You all *exit*	Kalian *keluar*
3rd Person	He/She *exits*	Ia *keluar*	They *exit*	Mereka *keluar*

Conjugation: Tenses

Tenses	English	Indonesian
Present Tense		
• Simple Present	I/You/We/You all/They *exit* He/She *exits*	Saya/Anda/Kami/Kalian/Mereka/Ia *keluar*
• Present Progressive	I *am exiting* You/We/You all/They *are exiting* He/She *is exiting*	Saya/Anda/Kami/Kalian/Mereka/Ia sedang *keluar*
• Present Perfect Simple	I/You/We/You all/They *have exited* He/She *has exited*	Saya/Anda/Kami/Kalian/Mereka/Ia **telah** *keluar*
• Present Perfect Progressive	I/You/We/You all/They *have been exiting* He/She *has been exiting*	Saya/Anda/Kami/Kalian/Mereka/Ia **telah** *keluar*
Past Tense		
• Simple Past	I/You/We/You all/They/He/She *exited*	Saya/Anda/Kami/Kalian/Mereka/Ia *keluar*
• Past Progressive	You/We/You all/They *were exiting* I/He/She *was exiting*	Saya/Anda/Kami/Kalian/Mereka/Ia sedang *keluar*
• Past Perfect Simple	I/You/We/You all/They/He/She *had exited*	Saya/Anda/Kami/Kalian/Mereka/Ia **telah** *keluar*
• Past Perfect Progressive	I/You/We/You all/They/He/She *had been exiting*	Saya/Anda/Kami/Kalian/Mereka/Ia **telah** *keluar*
Future Tense		
• Future I Simple	I/You/We/You all/They/He/She *will exit*	Saya/Anda/Kami/Kalian/Mereka/Ia **akan** *keluar*
• Future I Simple	I *am going to exit* You/We/You all/They *are going to exit* He/She *is going to exit*	Saya/Anda/Kami/Kalian/Mereka/Ia **akan** *keluar*

• Future I Progressive	I/You/We/You all/They/He/She *will be exiting*	Saya/Anda/Kami/Kalian/Mereka/Ia ***akan*** *keluar*
• Future II Simple	I/You/We/You all/They/He/She *will have exited*	Saya/Anda/Kami/Kalian/Mereka/Ia ***akan (telah)*** *keluar*
• Future II Progressive	I/You/We/You all/They/He/She *will have been exiting*	Saya/Anda/Kami/Kalian/Mereka/Ia ***akan (telah)*** *keluar*

To explain

menjelaskan (mɛn-jɛ-làs-kàn)

Conjugation: Person & Number

Person / Number	Singular		Plural	
1st Person	I *explain*	Saya *menjelaskan*	We *explain*	Kami *menjelaskan*
2nd Person	You *explain*	Anda *menjelaskan*	You all *explain*	Kalian *menjelaskan*
3rd Person	He/She *explains*	Ia *menjelaskan*	They *explain*	Mereka *menjelaskan*

Conjugation: Tenses

Tenses	English	Indonesian
Present Tense		
• Simple Present	I/You/We/You all/They *explain* He/She *explains*	Saya/Anda/Kami/Kalian/Mereka/Ia *menjelaskan*
• Present Progressive	I *am explaining* You/We/You all/They *are explaining* He/She *is explaining*	Saya/Anda/Kami/Kalian/Mereka/Ia *sedang menjelaskan*
• Present Perfect Simple	I/You/We/You all/They *have explained* He/She *has explained*	Saya/Anda/Kami/Kalian/Mereka/Ia **telah** *menjelaskan*
• Present Perfect Progressive	I/You/We/You all/They *have been explaining* He/She *has been explaining*	Saya/Anda/Kami/Kalian/Mereka/Ia **telah** *menjelaskan*
Past Tense		
• Simple Past	I/You/We/You all/They/He/She *explained*	Saya/Anda/Kami/Kalian/Mereka/Ia *menjelaskan*
• Past Progressive	You/We/You all/They *were explaining* I/He/She *was explaining*	Saya/Anda/Kami/Kalian/Mereka/Ia *sedang menjelaskan*
• Past Perfect Simple	I/You/We/You all/They/He/She *had explained*	Saya/Anda/Kami/Kalian/Mereka/Ia **telah** *menjelaskan*
• Past Perfect Progressive	I/You/We/You all/They/He/She *had been explaining*	Saya/Anda/Kami/Kalian/Mereka/Ia **telah** *menjelaskan*
Future Tense		
• Future I Simple	I/You/We/You all/They/He/She *will explain*	Saya/Anda/Kami/Kalian/Mereka/Ia **ak**an *menjelaskan*

• Future I Simple	I *am going to explain* You/We/You all/They *are going to explain* He/She *is going to explain*	Saya/Anda/Kami/Kalian/Mereka/Ia *akan menjelaskan*
• Future I Progressive	I/You/We/You all/They/He/She *will be explaining*	Saya/Anda/Kami/Kalian/Mereka/Ia *akan menjelaskan*
• Future II Simple	I/You/We/You all/They/He/She *will have explained*	Saya/Anda/Kami/Kalian/Mereka/Ia *akan (telah) menjelaskan*
• Future II Progressive	I/You/We/You all/They/He/She *will have been explaining*	Saya/Anda/Kami/Kalian/Mereka/Ia *akan (telah) menjelaskan*

To fall
jatuh (jà-tóoh)

Conjugation: Person & Number

Person / Number	Singular		Plural	
1st Person	I *fall*	Saya *jatuh*	We *fall*	Kami *jatuh*
2nd Person	You *fall*	Anda *jatuh*	You all *fall*	Kalian *jatuh*
3rd Person	He/She *falls*	Ia *jatuh*	They *fall*	Mereka *jatuh*

Conjugation: Tenses

Tenses	English	Indonesian
Present Tense		
• Simple Present	I/You/We/You all/They *fall* He/She *falls*	Saya/Anda/Kami/Kalian/Mereka/Ia *jatuh*
• Present Progressive	I *am falling* You/We/You all/They *are falling* He/She *is falling*	Saya/Anda/Kami/Kalian/Mereka/Ia sedang *jatuh*
• Present Perfect Simple	I/You/We/You all/They *have fallen* He/She *has fallen*	Saya/Anda/Kami/Kalian/Mereka/Ia **telah** *jatuh*
• Present Perfect Progressive	I/You/We/You all/They *have been falling* He/She *has been falling*	Saya/Anda/Kami/Kalian/Mereka/Ia **telah** *jatuh*
Past Tense		
• Simple Past	I/You/We/You all/They/He/She *fell*	Saya/Anda/Kami/Kalian/Mereka/Ia *jatuh*
• Past Progressive	You/We/You all/They *were falling* I/He/She *was falling*	Saya/Anda/Kami/Kalian/Mereka/Ia sedang *jatuh*
• Past Perfect Simple	I/You/We/You all/They/He/She *had fallen*	Saya/Anda/Kami/Kalian/Mereka/Ia **telah** *jatuh*
• Past Perfect Progressive	I/You/We/You all/They/He/She *had been falling*	Saya/Anda/Kami/Kalian/Mereka/Ia **telah** *jatuh*
Future Tense		
• Future I Simple	I/You/We/You all/They/He/She *will fall*	Saya/Anda/Kami/Kalian/Mereka/Ia **akan** *jatuh*
• Future I Simple	I *am going to fall* You/We/You all/They *are going to fall* He/She *is going to fall*	Saya/Anda/Kami/Kalian/Mereka/Ia **akan** *jatuh*

• Future I Progressive	I/You/We/You all/They/He/She _will be falling_	Saya/Anda/Kami/Kalian/Mereka/Ia **_akan_** _jatuh_
• Future II Simple	I/You/We/You all/They/He/She _will have fallen_	Saya/Anda/Kami/Kalian/Mereka/Ia **_akan (telah)_** _jatuh_
• Future II Progressive	I/You/We/You all/They/He/She _will have been falling_	Saya/Anda/Kami/Kalian/Mereka/Ia **_akan (telah)_** _jatuh_

To feel
merasakan (mɛ-rà-sà-kàn)

Conjugation: Person & Number

Person / Number	Singular		Plural	
1st Person	I *feel*	Saya *merasakan*	We *feel*	Kami *merasakan*
2nd Person	You *feel*	Anda *merasakan*	You all *feel*	Kalian *merasakan*
3rd Person	He/She *feels*	Ia *merasakan*	They *feel*	Mereka *merasakan*

Conjugation: Tenses

Tenses	English	Indonesian
Present Tense		
• Simple Present	I/You/We/You all/They *feel* He/She *feels*	Saya/Anda/Kami/Kalian/Mereka/Ia *merasakan*
• Present Progressive	I *am feeling* You/We/You all/They *are feeling* He/She *is feeling*	Saya/Anda/Kami/Kalian/Mereka/Ia sedang *merasakan*
• Present Perfect Simple	I/You/We/You all/They *have felt* He/She *has felt*	Saya/Anda/Kami/Kalian/Mereka/Ia **telah** *merasakan*
• Present Perfect Progressive	I/You/We/You all/They *have been feeling* He/She *has been feeling*	Saya/Anda/Kami/Kalian/Mereka/Ia **telah** *merasakan*
Past Tense		
• Simple Past	I/You/We/You all/They/He/She *felt*	Saya/Anda/Kami/Kalian/Mereka/Ia *merasakan*
• Past Progressive	You/We/You all/They *were feeling* I/He/She *was feeling*	Saya/Anda/Kami/Kalian/Mereka/Ia sedang *merasakan*
• Past Perfect Simple	I/You/We/You all/They/He/She *had felt*	Saya/Anda/Kami/Kalian/Mereka/Ia **telah** *merasakan*
• Past Perfect Progressive	I/You/We/You all/They/He/She *had been feeling*	Saya/Anda/Kami/Kalian/Mereka/Ia **telah** *merasakan*
Future Tense		
• Future I Simple	I/You/We/You all/They/He/She *will feel*	Saya/Anda/Kami/Kalian/Mereka/Ia **akan** *merasakan*
• Future I Simple	I *am going to feel* You/We/You all/They *are going to feel* He/She *is going to feel*	Saya/Anda/Kami/Kalian/Mereka/Ia **akan** *merasakan*

•	Future I Progressive	I/You/We/You all/They/He/She _will be feeling_	Saya/Anda/Kami/Kalian/Mereka/Ia **akan** _merasakan_
•	Future II Simple	I/You/We/You all/They/He/She _will have felt_	Saya/Anda/Kami/Kalian/Mereka/Ia **akan (telah)** _merasakan_
•	Future II Progressive	I/You/We/You all/They/He/She _will have been feeling_	Saya/Anda/Kami/Kalian/Mereka/Ia **akan (telah)** _merasakan_

To fight
melawan (mɛ-là-wàn)

Conjugation: Person & Number

Person / Number	Singular		Plural	
1st Person	I *fight*	Saya *melawan*	We *fight*	Kami *melawan*
2nd Person	You *fight*	Anda *melawan*	You all *fight*	Kalian *melawan*
3rd Person	He/She *fights*	Ia *melawan*	They *fight*	Mereka *melawan*

Conjugation: Tenses

Tenses	English	Indonesian
Present Tense		
• Simple Present	I/You/We/You all/They *fight* He/She *fights*	Saya/Anda/Kami/Kalian/Mereka/Ia *melawan*
• Present Progressive	I *am fighting* You/We/You all/They *are fighting* He/She *is fighting*	Saya/Anda/Kami/Kalian/Mereka/Ia sedang *melawan*
• Present Perfect Simple	I/You/We/You all/They *have fought* He/She *has fought*	Saya/Anda/Kami/Kalian/Mereka/Ia **telah** *melawan*
• Present Perfect Progressive	I/You/We/You all/They *have been fighting* He/She *has been fighting*	Saya/Anda/Kami/Kalian/Mereka/Ia **telah** *melawan*
Past Tense		
• Simple Past	I/You/We/You all/They/He/She *fought*	Saya/Anda/Kami/Kalian/Mereka/Ia *melawan*
• Past Progressive	You/We/You all/They *were fighting* I/He/She *was fighting*	Saya/Anda/Kami/Kalian/Mereka/Ia sedang *melawan*
• Past Perfect Simple	I/You/We/You all/They/He/She *had fought*	Saya/Anda/Kami/Kalian/Mereka/Ia **telah** *melawan*
• Past Perfect Progressive	I/You/We/You all/They/He/She *had been fighting*	Saya/Anda/Kami/Kalian/Mereka/Ia **telah** *melawan*
Future Tense		
• Future I Simple	I/You/We/You all/They/He/She *will fight*	Saya/Anda/Kami/Kalian/Mereka/Ia **akan** *melawan*
• Future I Simple	I *am going to fight* You/We/You all/They *are going to fight* He/She *is going to fight*	Saya/Anda/Kami/Kalian/Mereka/Ia **akan** *melawan*

• Future I Progressive	I/You/We/You all/They/He/She *will be fighting*	Saya/Anda/Kami/Kalian/Mereka/Ia ***akan*** *melawan*
• Future II Simple	I/You/We/You all/They/He/She *will have fought*	Saya/Anda/Kami/Kalian/Mereka/Ia ***akan (telah)*** *melawan*
• Future II Progressive	I/You/We/You all/They/He/She *will have been fighting*	Saya/Anda/Kami/Kalian/Mereka/Ia ***akan (telah)*** *melawan*

To find

menemukan (mɛ-nɛ-móo-kàn)

Conjugation: Person & Number

Person / Number	Singular		Plural	
1st Person	I *find*	Saya *menemukan*	We *find*	Kami *menemukan*
2nd Person	You *find*	Anda *menemukan*	You all *find*	Kalian *menemukan*
3rd Person	He/She *finds*	Ia *menemukan*	They *find*	Mereka *menemukan*

Conjugation: Tenses

Tenses	English	Indonesian
Present Tense		
• Simple Present	I/You/We/You all/They *find* He/She *finds*	Saya/Anda/Kami/Kalian/Mereka/Ia *menemukan*
• Present Progressive	I *am finding* You/We/You all/They *are finding* He/She *is finding*	Saya/Anda/Kami/Kalian/Mereka/Ia sedang *menemukan*
• Present Perfect Simple	I/You/We/You all/They *have found* He/She *has found*	Saya/Anda/Kami/Kalian/Mereka/Ia *telah menemukan*
• Present Perfect Progressive	I/You/We/You all/They *have been finding* He/She *has been finding*	Saya/Anda/Kami/Kalian/Mereka/Ia *telah menemukan*
Past Tense		
• Simple Past	I/You/We/You all/They/He/She *found*	Saya/Anda/Kami/Kalian/Mereka/Ia *menemukan*
• Past Progressive	You/We/You all/They *were finding* I/He/She *was finding*	Saya/Anda/Kami/Kalian/Mereka/Ia sedang *menemukan*
• Past Perfect Simple	I/You/We/You all/They/He/She *had found*	Saya/Anda/Kami/Kalian/Mereka/Ia *telah menemukan*
• Past Perfect Progressive	I/You/We/You all/They/He/She *had been finding*	Saya/Anda/Kami/Kalian/Mereka/Ia *telah menemukan*
Future Tense		
• Future I Simple	I/You/We/You all/They/He/She *will find*	Saya/Anda/Kami/Kalian/Mereka/Ia *akan menemukan*

• Future I Simple	I *am going to find* You/We/You all/They *are going to find* He/She *is going to find*	Saya/Anda/Kami/Kalian/Mereka/Ia ***akan*** *menemukan*
• Future I Progressive	I/You/We/You all/They/He/She *will be finding*	Saya/Anda/Kami/Kalian/Mereka/Ia ***akan*** *menemukan*
• Future II Simple	I/You/We/You all/They/He/She *will have found*	Saya/Anda/Kami/Kalian/Mereka/Ia ***akan (telah)*** *menemukan*
• Future II Progressive	I/You/We/You all/They/He/She *will have been finding*	Saya/Anda/Kami/Kalian/Mereka/Ia ***akan (telah)*** *menemukan*

To finish

menyelesaikan (mɛ-ɲɛ-lɛ-sài-kàn)

Conjugation: Person & Number

Person / Number	Singular		Plural	
1st Person	I *finish*	Saya *menyelesaikan*	We *finish*	Kami *menyelesaikan*
2nd Person	You *finish*	Anda *menyelesaikan*	You all *finish*	Kalian *menyelesaikan*
3rd Person	He/She *finishes*	Ia *menyelesaikan*	They *finish*	Mereka *menyelesaikan*

Conjugation: Tenses

Tenses	English	Indonesian
Present Tense		
• Simple Present	I/You/We/You all/They *finish* He/She *finishes*	Saya/Anda/Kami/Kalian/Mereka/Ia *menyelesaikan*
• Present Progressive	I *am finishing* You/We/You all/They *are finishing* He/She *is finishing*	Saya/Anda/Kami/Kalian/Mereka/Ia sedang *menyelesaikan*
• Present Perfect Simple	I/You/We/You all/They *have finished* He/She *has finished*	Saya/Anda/Kami/Kalian/Mereka/Ia **telah** *menyelesaikan*
• Present Perfect Progressive	I/You/We/You all/They *have been finishing* He/She *has been finishing*	Saya/Anda/Kami/Kalian/Mereka/Ia **telah** *menyelesaikan*
Past Tense		
• Simple Past	I/You/We/You all/They/He/She *finished*	Saya/Anda/Kami/Kalian/Mereka/Ia *menyelesaikan*
• Past Progressive	You/We/You all/They *were finishing* I/He/She *was finishing*	Saya/Anda/Kami/Kalian/Mereka/Ia sedang *menyelesaikan*
• Past Perfect Simple	I/You/We/You all/They/He/She *had finished*	Saya/Anda/Kami/Kalian/Mereka/Ia **telah** *menyelesaikan*
• Past Perfect Progressive	I/You/We/You all/They/He/She *had been finishing*	Saya/Anda/Kami/Kalian/Mereka/Ia **telah** *menyelesaikan*
Future Tense		
• Future I Simple	I/You/We/You all/They/He/She *will finish*	Saya/Anda/Kami/Kalian/Mereka/Ia **akan** *menyelesaikan*

• Future I Simple	I *am going to finish* You/We/You all/They *are going to finish* He/She *is going to finish*	Saya/Anda/Kami/Kalian/Mereka/Ia ***akan*** *menyelesaikan*
• Future I Progressive	I/You/We/You all/They/He/She *will be finishing*	Saya/Anda/Kami/Kalian/Mereka/Ia ***akan*** *menyelesaikan*
• Future II Simple	I/You/We/You all/They/He/She *will have finished*	Saya/Anda/Kami/Kalian/Mereka/Ia ***akan (telah)*** *menyelesaikan*
• Future II Progressive	I/You/We/You all/They/He/She *will have been finishing*	Saya/Anda/Kami/Kalian/Mereka/Ia ***akan (telah)*** *menyelesaikan*

To fly
menerbangkan (mɛ-nɛr-bàŋ-kàn)

Conjugation: Person & Number

Person / Number	Singular		Plural	
1st Person	I *fly*	Saya *menerbangkan*	We *fly*	Kami *menerbangkan*
2nd Person	You *fly*	Anda *menerbangkan*	You all *fly*	Kalian *menerbangkan*
3rd Person	He/She *flies*	Ia *menerbangkan*	They *fly*	Mereka *menerbangkan*

Conjugation: Tenses

Tenses	English	Indonesian
Present Tense		
• Simple Present	I/You/We/You all/They *fly* He/She *flies*	Saya/Anda/Kami/Kalian/Mereka/Ia *menerbangkan*
• Present Progressive	I *am flying* You/We/You all/They *are flying* He/She *is flying*	Saya/Anda/Kami/Kalian/Mereka/Ia sedang *menerbangkan*
• Present Perfect Simple	I/You/We/You all/They *have flown* He/She *has flown*	Saya/Anda/Kami/Kalian/Mereka/Ia *telah menerbangkan*
• Present Perfect Progressive	I/You/We/You all/They *have been flying* He/She *has been flying*	Saya/Anda/Kami/Kalian/Mereka/Ia *telah menerbangkan*
Past Tense		
• Simple Past	I/You/We/You all/They/He/She *flew*	Saya/Anda/Kami/Kalian/Mereka/Ia *menerbangkan*
• Past Progressive	You/We/You all/They *were flying* I/He/She *was flying*	Saya/Anda/Kami/Kalian/Mereka/Ia sedang *menerbangkan*
• Past Perfect Simple	I/You/We/You all/They/He/She *had flown*	Saya/Anda/Kami/Kalian/Mereka/Ia *telah menerbangkan*
• Past Perfect Progressive	I/You/We/You all/They/He/She *had been flying*	Saya/Anda/Kami/Kalian/Mereka/Ia *telah menerbangkan*
Future Tense		
• Future I Simple	I/You/We/You all/They/He/She *will fly*	Saya/Anda/Kami/Kalian/Mereka/Ia *akan menerbangkan*
• Future I Simple	I *am going to fly* You/We/You all/They *are going to fly* He/She *is going to fly*	Saya/Anda/Kami/Kalian/Mereka/Ia *akan menerbangkan*

• Future I Progressive	I/You/We/You all/They/He/She _will be flying_	Saya/Anda/Kami/Kalian/Mereka/Ia **_akan_** _menerbangkan_
• Future II Simple	I/You/We/You all/They/He/She _will have flown_	Saya/Anda/Kami/Kalian/Mereka/Ia **_akan (telah)_** _menerbangkan_
• Future II Progressive	I/You/We/You all/They/He/She _will have been flying_	Saya/Anda/Kami/Kalian/Mereka/Ia **_akan (telah)_** _menerbangkan_

To forget
melupakan (mɛ-lóo-pà-kàn)

Conjugation: Person & Number

Person / Number	Singular		Plural	
1st Person	I *forget*	Saya *melupakan*	We *forget*	Kami *melupakan*
2nd Person	You *forget*	Anda *melupakan*	You all *forget*	Kalian *melupakan*
3rd Person	He/She *forgets*	Ia *melupakan*	They *forget*	Mereka *melupakan*

Conjugation: Tenses

Tenses	English	Indonesian
Present Tense		
• Simple Present	I/You/We/You all/They *forget* He/She *forgets*	Saya/Anda/Kami/Kalian/Mereka/Ia *melupakan*
• Present Progressive	I *am forgetting* You/We/You all/They *are forgetting* He/She *is forgetting*	Saya/Anda/Kami/Kalian/Mereka/Ia sedang *melupakan*
• Present Perfect Simple	I/You/We/You all/They *have forgotten* He/She *has forgotten*	Saya/Anda/Kami/Kalian/Mereka/Ia telah *melupakan*
• Present Perfect Progressive	I/You/We/You all/They *have been forgetting* He/She *has been forgetting*	Saya/Anda/Kami/Kalian/Mereka/Ia telah *melupakan*
Past Tense		
• Simple Past	I/You/We/You all/They/He/She *forgot*	Saya/Anda/Kami/Kalian/Mereka/Ia *melupakan*
• Past Progressive	You/We/You all/They *were forgetting* I/He/She *was forgetting*	Saya/Anda/Kami/Kalian/Mereka/Ia sedang *melupakan*
• Past Perfect Simple	I/You/We/You all/They/He/She *had forgotten*	Saya/Anda/Kami/Kalian/Mereka/Ia telah *melupakan*
• Past Perfect Progressive	I/You/We/You all/They/He/She *had been forgetting*	Saya/Anda/Kami/Kalian/Mereka/Ia telah *melupakan*
Future Tense		
• Future I Simple	I/You/We/You all/They/He/She *will forget*	Saya/Anda/Kami/Kalian/Mereka/Ia akan *melupakan*
• Future I Simple	I *am going to forget* You/We/You all/They *are going to forget* He/She *is going to forget*	Saya/Anda/Kami/Kalian/Mereka/Ia akan *melupakan*

• Future Progressive I		I/You/We/You all/They/He/She *will be forgetting*	Saya/Anda/Kami/Kalian/Mereka/Ia *akan melupakan*
• Future II Simple		I/You/We/You all/They/He/She *will have forgotten*	Saya/Anda/Kami/Kalian/Mereka/Ia *akan (telah) melupakan*
• Future Progressive II		I/You/We/You all/They/He/She *will have been forgetting*	Saya/Anda/Kami/Kalian/Mereka/Ia *akan (telah) melupakan*

To get up

bangun (bà-ŋóon)

Conjugation: Person & Number

Person / Number	Singular		Plural	
1st Person	I *get up*	Saya **bangun**	We *get up*	Kami **bangun**
2nd Person	You *get up*	Anda **bangun**	You all *get up*	Kalian **bangun**
3rd Person	He/She *gets up*	Ia **bangun**	They *get up*	Mereka **bangun**

Conjugation: Tenses

Tenses	English	Indonesian
Present Tense		
• Simple Present	I/You/We/You all/They *get up* He/She *gets up*	Saya/Anda/Kami/Kalian/Mereka/Ia **bangun**
• Present Progressive	I *am getting up* You/We/You all/They *are getting up* He/She *is getting up*	Saya/Anda/Kami/Kalian/Mereka/Ia sedang **bangun**
• Present Perfect Simple	I/You/We/You all/They *have gotten up* He/She *has gotten up*	Saya/Anda/Kami/Kalian/Mereka/Ia telah **bangun**
• Present Perfect Progressive	I/You/We/You all/They *have been getting up* He/She *has been getting up*	Saya/Anda/Kami/Kalian/Mereka/Ia telah **bangun**
Past Tense		
• Simple Past	I/You/We/You all/They/He/She *got up*	Saya/Anda/Kami/Kalian/Mereka/Ia **bangun**
• Past Progressive	You/We/You all/They *were getting up* I/He/She *was getting up*	Saya/Anda/Kami/Kalian/Mereka/Ia sedang **bangun**
• Past Perfect Simple	I/You/We/You all/They/He/She *had gotten up*	Saya/Anda/Kami/Kalian/Mereka/Ia telah **bangun**
• Past Perfect Progressive	I/You/We/You all/They/He/She *had been getting up*	Saya/Anda/Kami/Kalian/Mereka/Ia telah **bangun**
Future Tense		
• Future I Simple	I/You/We/You all/They/He/She *will get up*	Saya/Anda/Kami/Kalian/Mereka/Ia akan **bangun**
• Future I Simple	I *am going to get up* You/We/You all/They *are going to get up* He/She *is going to get up*	Saya/Anda/Kami/Kalian/Mereka/Ia akan **bangun**

•	Future I Progressive	I/You/We/You all/They/He/She _will be getting up_	Saya/Anda/Kami/Kalian/Mereka/Ia _akan bangun_
•	Future II Simple	I/You/We/You all/They/He/She _will have gotten up_	Saya/Anda/Kami/Kalian/Mereka/Ia _akan (telah) bangun_
•	Future II Progressive	I/You/We/You all/They/He/She _will have been getting up_	Saya/Anda/Kami/Kalian/Mereka/Ia _akan (telah) bangun_

To give

memberi (mɛm-bɛ-rí)

Conjugation: Person & Number

Person / Number	Singular		Plural	
1st Person	I *give*	Saya *memberi*	We *give*	Kami *memberi*
2nd Person	You *give*	Anda *memberi*	You all *give*	Kalian *memberi*
3rd Person	He/She *gives*	Ia *memberi*	They *give*	Mereka *memberi*

Conjugation: Tenses

Tenses	English	Indonesian
Present Tense		
• Simple Present	I/You/We/You all/They *give* He/She *gives*	Saya/Anda/Kami/Kalian/Mereka/Ia *memberi*
• Present Progressive	I *am giving* You/We/You all/They *are giving* He/She *is giving*	Saya/Anda/Kami/Kalian/Mereka/Ia sedang *memberi*
• Present Perfect Simple	I/You/We/You all/They *have given* He/She *has given*	Saya/Anda/Kami/Kalian/Mereka/Ia **telah** *memberi*
• Present Perfect Progressive	I/You/We/You all/They *have been giving* He/She *has been giving*	Saya/Anda/Kami/Kalian/Mereka/Ia **telah** *memberi*
Past Tense		
• Simple Past	I/You/We/You all/They/He/She *gave*	Saya/Anda/Kami/Kalian/Mereka/Ia *memberi*
• Past Progressive	You/We/You all/They *were giving* I/He/She *was giving*	Saya/Anda/Kami/Kalian/Mereka/Ia sedang *memberi*
• Past Perfect Simple	I/You/We/You all/They/He/She *had given*	Saya/Anda/Kami/Kalian/Mereka/Ia **telah** *memberi*
• Past Perfect Progressive	I/You/We/You all/They/He/She *had been giving*	Saya/Anda/Kami/Kalian/Mereka/Ia **telah** *memberi*
Future Tense		
• Future I Simple	I/You/We/You all/They/He/She *will give*	Saya/Anda/Kami/Kalian/Mereka/Ia **akan** *memberi*
• Future I Simple	I *am going to give* You/We/You all/They *are going to give* He/She *is going to give*	Saya/Anda/Kami/Kalian/Mereka/Ia **akan** *memberi*

•	Future I Progressive	I/You/We/You all/They/He/She _will be giving_	Saya/Anda/Kami/Kalian/Mereka/Ia **_akan_** _memberi_
•	Future II Simple	I/You/We/You all/They/He/She _will have given_	Saya/Anda/Kami/Kalian/Mereka/Ia **_akan (telah)_** _memberi_
•	Future II Progressive	I/You/We/You all/They/He/She _will have been giving_	Saya/Anda/Kami/Kalian/Mereka/Ia **_akan (telah)_** _memberi_

To go
pergi (pɛr-gí)

Conjugation: Person & Number

Person / Number	Singular		Plural	
1st Person	I *go*	Saya *pergi*	We *go*	Kami *pergi*
2nd Person	You *go*	Anda *pergi*	You all *go*	Kalian *pergi*
3rd Person	He/She *goes*	Ia *pergi*	They *go*	Mereka *pergi*

Conjugation: Tenses

Tenses	English	Indonesian
Present Tense		
• Simple Present	I/You/We/You all/They *go* He/She *goes*	Saya/Anda/Kami/Kalian/Mereka/Ia *pergi*
• Present Progressive	I *am going* You/We/You all/They *are going* He/She *is going*	Saya/Anda/Kami/Kalian/Mereka/Ia sedang *pergi*
• Present Perfect Simple	I/You/We/You all/They *have gone* He/She *has gone*	Saya/Anda/Kami/Kalian/Mereka/Ia **telah** *pergi*
• Present Perfect Progressive	I/You/We/You all/They *have been going* He/She *has been going*	Saya/Anda/Kami/Kalian/Mereka/Ia **telah** *pergi*
Past Tense		
• Simple Past	I/You/We/You all/They/He/She *went*	Saya/Anda/Kami/Kalian/Mereka/Ia *pergi*
• Past Progressive	You/We/You all/They *were going* I/He/She *was going*	Saya/Anda/Kami/Kalian/Mereka/Ia sedang *pergi*
• Past Perfect Simple	I/You/We/You all/They/He/She *had gone*	Saya/Anda/Kami/Kalian/Mereka/Ia **telah** *pergi*
• Past Perfect Progressive	I/You/We/You all/They/He/She *had been going*	Saya/Anda/Kami/Kalian/Mereka/Ia **telah** *pergi*
Future Tense		
• Future I Simple	I/You/We/You all/They/He/She *will go*	Saya/Anda/Kami/Kalian/Mereka/Ia **akan** *pergi*
• Future I Simple	I *am going to go* You/We/You all/They *are going to go* He/She *is going to go*	Saya/Anda/Kami/Kalian/Mereka/Ia **akan** *pergi*

•	Future I Progressive	I/You/We/You all/They/He/She _will be going_	Saya/Anda/Kami/Kalian/Mereka/Ia ***akan** pergi*
•	Future II Simple	I/You/We/You all/They/He/She _will have gone_	Saya/Anda/Kami/Kalian/Mereka/Ia ***akan (telah)** pergi*
•	Future II Progressive	I/You/We/You all/They/He/She _will have been going_	Saya/Anda/Kami/Kalian/Mereka/Ia ***akan (telah)** pergi*

To happen
terjadi (tɛr-jà-dí)

Conjugation: Person & Number

Person / Number	Singular	Plural
1st Person	-	-
2nd Person	-	-
3rd Person	It *happens* Hal itu *terjadi*	They *happen* Hal tersebut *terjadi*

Conjugation: Tenses

Tenses	English	Indonesian
Present Tense		
• Simple Present	They *happen* It *happens*	Hal tersebut *terjadi*
• Present Progressive	They *are happening* It *is happening*	Hal tersebut sedang *terjadi*
• Present Perfect Simple	They *have happened* It *has happened*	Hal tersebut **telah** *terjadi*
• Present Perfect Progressive	They *have been happening* It *has been happening*	Hal tersebut **telah** *terjadi*
Past Tense		
• Simple Past	It/They *happened*	Hal tersebut *terjadi*
• Past Progressive	They *were happening* It *was happening*	Hal tersebut sedang *terjadi*
• Past Perfect Simple	It/They *had happened*	Hal tersebut **telah** *terjadi*
• Past Perfect Progressive	It/They *had been happening*	Hal tersebut **telah** *terjadi*
Future Tense		
• Future I Simple	It/They *will happen*	Hal tersebut **akan** *terjadi*
• Future I Simple	They *are going to happen* It *is going to happen*	Hal tersebut **akan** *terjadi*
• Future I Progressive	It/They *will be happening*	Hal tersebut **akan** *terjadi*
• Future II Simple	It/They *will have happened*	Hal tersebut **akan (telah)** *terjadi*
• Future II Progressive	It/They *will have been happening*	Hal tersebut **akan (telah)** *terjadi*

To <u>have</u>

memiliki (mɛ-mí-lí-kí)

Conjugation: Person & Number

Person / Number	Singular		Plural	
1st Person	I *have*	Saya *memiliki*	We *have*	Kami *memiliki*
2nd Person	You *have*	Anda *memiliki*	You all *have*	Kalian *memiliki*
3rd Person	He/She *has*	Ia *memiliki*	They *have*	Mereka *memiliki*

Conjugation: Tenses

Tenses	English	Indonesian
Present Tense		
• Simple Present	I/You/We/You all/They *have* He/She *has*	Saya/Anda/Kami/Kalian/Mereka/Ia *memiliki*
• Present Progressive	I *am having* You/We/You all/They *are having* He/She *is having*	Saya/Anda/Kami/Kalian/Mereka/Ia sedang *memiliki*
• Present Perfect Simple	I/You/We/You all/They *have had* He/She *has had*	Saya/Anda/Kami/Kalian/Mereka/Ia **telah** *memiliki*
• Present Perfect Progressive	I/You/We/You all/They *have been having* He/She *has been having*	Saya/Anda/Kami/Kalian/Mereka/Ia **telah** *memiliki*
Past Tense		
• Simple Past	I/You/We/You all/They *had* He/She *had*	Saya/Anda/Kami/Kalian/Mereka/Ia *memiliki*
• Past Progressive	You/We/You all/They *were having* I/He/She *was having*	Saya/Anda/Kami/Kalian/Mereka/Ia sedang *memiliki*
• Past Perfect Simple	I/You/We/You all/They/He/She *had had*	Saya/Anda/Kami/Kalian/Mereka/Ia **telah** *memiliki*
• Past Perfect Progressive	I/You/We/You all/They/He/She *had been having*	Saya/Anda/Kami/Kalian/Mereka/Ia **telah** *memiliki*
Future Tense		
• Future I Simple	I/You/We/You all/They/He/She *will have*	Saya/Anda/Kami/Kalian/Mereka/Ia **akan** *memiliki*
• Future I Simple	I *am going to have* You/We/You all/They *are going to have* He/She *is going to have*	Saya/Anda/Kami/Kalian/Mereka/Ia **akan** *memiliki*

•	Future I Progressive	I/You/We/You all/They/He/She <u>will</u> <u>be</u> <u>having</u>	Saya/Anda/Kami/Kalian/Mereka/Ia ***akan*** <u>memiliki</u>
•	Future II Simple	I/You/We/You all/They/He/She <u>will</u> <u>have</u> <u>had</u>	Saya/Anda/Kami/Kalian/Mereka/Ia ***akan (telah)*** <u>memiliki</u>
•	Future II Progressive	I/You/We/You all/They/He/She <u>will</u> <u>have</u> <u>been</u> <u>having</u>	Saya/Anda/Kami/Kalian/Mereka/Ia ***akan (telah)*** <u>memiliki</u>

To hear
mendengar (mɛn-dɛ-ŋàr)

Conjugation: Person & Number

Person / Number	Singular		Plural	
1st Person	I *hear*	Saya *mendengar*	We *hear*	Kami *mendengar*
2nd Person	You *hear*	Anda *mendengar*	You all *hear*	Kalian *mendengar*
3rd Person	He/She *hears*	Ia *mendengar*	They *hear*	Mereka *mendengar*

Conjugation: Tenses

Tenses	English	Indonesian
Present Tense		
• Simple Present	I/You/We/You all/They *hear* He/She *hears*	Saya/Anda/Kami/Kalian/Mereka/Ia *mendengar*
• Present Progressive	I *am hearing* You/We/You all/They *are hearing* He/She *is hearing*	Saya/Anda/Kami/Kalian/Mereka/Ia sedang *mendengar*
• Present Perfect Simple	I/You/We/You all/They *have heard* He/She *has heard*	Saya/Anda/Kami/Kalian/Mereka/Ia **telah** *mendengar*
• Present Perfect Progressive	I/You/We/You all/They *have been hearing* He/She *has been hearing*	Saya/Anda/Kami/Kalian/Mereka/Ia **telah** *mendengar*
Past Tense		
• Simple Past	I/You/We/You all/They/He/She *heard*	Saya/Anda/Kami/Kalian/Mereka/Ia *mendengar*
• Past Progressive	You/We/You all/They *were hearing* I/He/She *was hearing*	Saya/Anda/Kami/Kalian/Mereka/Ia sedang *mendengar*
• Past Perfect Simple	I/You/We/You all/They/He/She *had heard*	Saya/Anda/Kami/Kalian/Mereka/Ia **telah** *mendengar*
• Past Perfect Progressive	I/You/We/You all/They/He/She *had been hearing*	Saya/Anda/Kami/Kalian/Mereka/Ia **telah** *mendengar*
Future Tense		
• Future I Simple	I/You/We/You all/They/He/She *will hear*	Saya/Anda/Kami/Kalian/Mereka/Ia *akan mendengar*
• Future I Simple	I *am going to hear* You/We/You all/They *are going to hear* He/She *is going to hear*	Saya/Anda/Kami/Kalian/Mereka/Ia *akan mendengar*

•	Future I Progressive	I/You/We/You all/They/He/She _will be hearing_	Saya/Anda/Kami/Kalian/Mereka/Ia **_akan_** _mendengar_
•	Future II Simple	I/You/We/You all/They/He/She _will have heard_	Saya/Anda/Kami/Kalian/Mereka/Ia **_akan (telah)_** _mendengar_
•	Future II Progressive	I/You/We/You all/They/He/She _will have been hearing_	Saya/Anda/Kami/Kalian/Mereka/Ia **_akan (telah)_** _mendengar_

To help
membantu (mɛm-bàn-tóo)

Conjugation: Person & Number

Person / Number	Singular		Plural	
1st Person	I *help*	Saya *membantu*	We *help*	Kami *membantu*
2nd Person	You *help*	Anda *membantu*	You all *help*	Kalian *membantu*
3rd Person	He/She *helps*	Ia *membantu*	They *help*	Mereka *membantu*

Conjugation: Tenses

Tenses	English	Indonesian
Present Tense		
• Simple Present	I/You/We/You all/They *help* He/She *helps*	Saya/Anda/Kami/Kalian/Mereka/Ia *membantu*
• Present Progressive	I *am helping* You/We/You all/They *are helping* He/She *is helping*	Saya/Anda/Kami/Kalian/Mereka/Ia sedang *membantu*
• Present Perfect Simple	I/You/We/You all/They *have helped* He/She *has helped*	Saya/Anda/Kami/Kalian/Mereka/Ia *telah membantu*
• Present Perfect Progressive	I/You/We/You all/They *have been helping* He/She *has been helping*	Saya/Anda/Kami/Kalian/Mereka/Ia *telah membantu*
Past Tense		
• Simple Past	I/You/We/You all/They/He/She *helped*	Saya/Anda/Kami/Kalian/Mereka/Ia *membantu*
• Past Progressive	You/We/You all/They *were helping* I/He/She *was helping*	Saya/Anda/Kami/Kalian/Mereka/Ia sedang *membantu*
• Past Perfect Simple	I/You/We/You all/They/He/She *had helped*	Saya/Anda/Kami/Kalian/Mereka/Ia *telah membantu*
• Past Perfect Progressive	I/You/We/You all/They/He/She *had been helping*	Saya/Anda/Kami/Kalian/Mereka/Ia *telah membantu*
Future Tense		
• Future I Simple	I/You/We/You all/They/He/She *will help*	Saya/Anda/Kami/Kalian/Mereka/Ia *akan membantu*
• Future I Simple	I *am going to help* You/We/You all/They *are going to help* He/She *is going to help*	Saya/Anda/Kami/Kalian/Mereka/Ia *akan membantu*

•	Future I Progressive	I/You/We/You all/They/He/She _will be helping_	Saya/Anda/Kami/Kalian/Mereka/Ia **_akan_** _membantu_
•	Future II Simple	I/You/We/You all/They/He/She _will have helped_	Saya/Anda/Kami/Kalian/Mereka/Ia **_akan (telah)_** _membantu_
•	Future II Progressive	I/You/We/You all/They/He/She _will have been helping_	Saya/Anda/Kami/Kalian/Mereka/Ia **_akan (telah)_** _membantu_

To hold

memegang (mɛ-mɛ-gàŋ)

Conjugation: Person & Number

Person / Number	Singular		Plural	
1st Person	I *hold*	Saya *memegang*	We *hold*	Kami *memegang*
2nd Person	You *hold*	Anda *memegang*	You all *hold*	Kalian *memegang*
3rd Person	He/She *holds*	Ia *memegang*	They *hold*	Mereka *memegang*

Conjugation: Tenses

Tenses	English	Indonesian
Present Tense		
• Simple Present	I/You/We/You all/They *hold* He/She *holds*	Saya/Anda/Kami/Kalian/Mereka/Ia *memegang*
• Present Progressive	I *am holding* You/We/You all/They *are holding* He/She *is holding*	Saya/Anda/Kami/Kalian/Mereka/Ia sedang *memegang*
• Present Perfect Simple	I/You/We/You all/They *have held* He/She *has held*	Saya/Anda/Kami/Kalian/Mereka/Ia **telah** *memegang*
• Present Perfect Progressive	I/You/We/You all/They *have been holding* He/She *has been holding*	Saya/Anda/Kami/Kalian/Mereka/Ia **telah** *memegang*
Past Tense		
• Simple Past	I/You/We/You all/They/He/She *held*	Saya/Anda/Kami/Kalian/Mereka/Ia *memegang*
• Past Progressive	You/We/You all/They *were holding* I/He/She *was holding*	Saya/Anda/Kami/Kalian/Mereka/Ia sedang *memegang*
• Past Perfect Simple	I/You/We/You all/They/He/She *had held*	Saya/Anda/Kami/Kalian/Mereka/Ia **telah** *memegang*
• Past Perfect Progressive	I/You/We/You all/They/He/She *had been holding*	Saya/Anda/Kami/Kalian/Mereka/Ia **telah** *memegang*
Future Tense		
• Future I Simple	I/You/We/You all/They/He/She *will hold*	Saya/Anda/Kami/Kalian/Mereka/Ia **akan** *memegang*
• Future I Simple	I *am going to hold* You/We/You all/They *are going to hold* He/She *is going to hold*	Saya/Anda/Kami/Kalian/Mereka/Ia **akan** *memegang*

•	Future I Progressive	I/You/We/You all/They/He/She _will be holding_	Saya/Anda/Kami/Kalian/Mereka/Ia **akan** _memegang_
•	Future II Simple	I/You/We/You all/They/He/She _will have held_	Saya/Anda/Kami/Kalian/Mereka/Ia **akan (telah)** _memegang_
•	Future II Progressive	I/You/We/You all/They/He/She _will have been holding_	Saya/Anda/Kami/Kalian/Mereka/Ia **akan (telah)** _memegang_

To increase

meningkatkan (mɛ-níŋ-kàt-kàn)

Conjugation: Person & Number

Person / Number	Singular	Plural
1st Person	I *increase* Saya *meningkatkan*	We *increase* Kami *meningkatkan*
2nd Person	You *increase* Anda *meningkatkan*	You all *increase* Kalian *meningkatkan*
3rd Person	He/She *increases* Ia *meningkatkan*	They *increase* Mereka *meningkatkan*

Conjugation: Tenses

Tenses	English	Indonesian
Present Tense		
• Simple Present	I/You/We/You all/They *increase* He/She *increases*	Saya/Anda/Kami/Kalian/Mereka/Ia *meningkatkan*
• Present Progressive	I *am increasing* You/We/You all/They *are increasing* He/She *is increasing*	Saya/Anda/Kami/Kalian/Mereka/Ia sedang *meningkatkan*
• Present Perfect Simple	I/You/We/You all/They *have increased* He/She *has increased*	Saya/Anda/Kami/Kalian/Mereka/Ia **telah** *meningkatkan*
• Present Perfect Progressive	I/You/We/You all/They *have been increasing* He/She *has been increasing*	Saya/Anda/Kami/Kalian/Mereka/Ia **telah** *meningkatkan*
Past Tense		
• Simple Past	I/You/We/You all/They/He/She *increased*	Saya/Anda/Kami/Kalian/Mereka/Ia *meningkatkan*
• Past Progressive	You/We/You all/They *were increasing* I/He/She *was increasing*	Saya/Anda/Kami/Kalian/Mereka/Ia sedang *meningkatkan*
• Past Perfect Simple	I/You/We/You all/They/He/She *had increased*	Saya/Anda/Kami/Kalian/Mereka/Ia **telah** *meningkatkan*
• Past Perfect Progressive	I/You/We/You all/They/He/She *had been increasing*	Saya/Anda/Kami/Kalian/Mereka/Ia **telah** *meningkatkan*
Future Tense		
• Future I Simple	I/You/We/You all/They/He/She *will increase*	Saya/Anda/Kami/Kalian/Mereka/Ia **akan** *meningkatkan*

• Future I Simple	I *am going to increase* You/We/You all/They *are going to increase* He/She *is going to increase*	Saya/Anda/Kami/Kalian/Mereka/Ia ***akan*** *meningkatkan*
• Future I Progressive	I/You/We/You all/They/He/She *will be increasing*	Saya/Anda/Kami/Kalian/Mereka/Ia ***akan*** *meningkatkan*
• Future II Simple	I/You/We/You all/They/He/She *will have increased*	Saya/Anda/Kami/Kalian/Mereka/Ia ***akan (telah)*** *meningkatkan*
• Future II Progressive	I/You/We/You all/They/He/She *will have been increasing*	Saya/Anda/Kami/Kalian/Mereka/Ia ***akan (telah)*** *meningkatkan*

To introduce

memperkenalkan (mɛm-pɛr-kɛ-nàl-kàn)

Conjugation: Person & Number

Person / Number	Singular	Plural
1st Person	I *introduce* Saya *memperkenalkan*	We *introduce* Kami *memperkenalkan*
2nd Person	You *introduce* Anda *memperkenalkan*	You all *introduce* Kalian *memperkenalkan*
3rd Person	He/She *introduces* Ia *memperkenalkan*	They *introduce* Mereka *memperkenalkan*

Conjugation: Tenses

Tenses	English	Indonesian
Present Tense		
• Simple Present	I/You/We/You all/They *introduce* He/She *introduces*	Saya/Anda/Kami/Kalian/Mereka/Ia *memperkenalkan*
• Present Progressive	I *am introducing* You/We/You all/They *are introducing* He/She *is introducing*	Saya/Anda/Kami/Kalian/Mereka/Ia sedang *memperkenalkan*
• Present Perfect Simple	I/You/We/You all/They *have introduced* He/She *has introduced*	Saya/Anda/Kami/Kalian/Mereka/Ia **telah** *memperkenalkan*
• Present Perfect Progressive	I/You/We/You all/They *have been introducing* He/She *has been introducing*	Saya/Anda/Kami/Kalian/Mereka/Ia **telah** *memperkenalkan*
Past Tense		
• Simple Past	I/You/We/You all/They/He/She *introduced*	Saya/Anda/Kami/Kalian/Mereka/Ia *memperkenalkan*
• Past Progressive	You/We/You all/They *were introducing* I/He/She *was introducing*	Saya/Anda/Kami/Kalian/Mereka/Ia sedang *memperkenalkan*
• Past Perfect Simple	I/You/We/You all/They/He/She *had introduced*	Saya/Anda/Kami/Kalian/Mereka/Ia **telah** *memperkenalkan*
• Past Perfect Progressive	I/You/We/You all/They/He/She *had been introducing*	Saya/Anda/Kami/Kalian/Mereka/Ia **telah** *memperkenalkan*

Future Tense		
• Future I Simple	I/You/We/You all/They/He/She _will introduce_	Saya/Anda/Kami/Kalian/Mereka/Ia **_akan_** _memperkenalkan_
• Future I Simple	I _am going to introduce_ You/We/You all/They _are going to introduce_ He/She _is going to introduce_	Saya/Anda/Kami/Kalian/Mereka/Ia **_akan_** _memperkenalkan_
• Future I Progressive	I/You/We/You all/They/He/She _will be introducing_	Saya/Anda/Kami/Kalian/Mereka/Ia **_akan_** _memperkenalkan_
• Future II Simple	I/You/We/You all/They/He/She _will have introduced_	Saya/Anda/Kami/Kalian/Mereka/Ia **_akan (telah)_** _memperkenalkan_
• Future II Progressive	I/You/We/You all/They/He/She _will have been introducing_	Saya/Anda/Kami/Kalian/Mereka/Ia **_akan (telah)_** _memperkenalkan_

To invite
mengundang (mɛ-ŋóon-dàŋ)

Conjugation: Person & Number

Person / Number	Singular	Plural
1st Person	I *invite* — Saya *mengundang*	We *invite* — Kami *mengundang*
2nd Person	You *invite* — Anda *mengundang*	You all *invite* — Kalian *mengundang*
3rd Person	He/She *invites* — Ia *mengundang*	They *invite* — Mereka *mengundang*

Conjugation: Tenses

Tenses	English	Indonesian
Present Tense		
• Simple Present	I/You/We/You all/They *invite* He/She *invites*	Saya/Anda/Kami/Kalian/Mereka/Ia *mengundang*
• Present Progressive	I *am inviting* You/We/You all/They *are inviting* He/She *is inviting*	Saya/Anda/Kami/Kalian/Mereka/Ia *sedang mengundang*
• Present Perfect Simple	I/You/We/You all/They *have invited* He/She *has invited*	Saya/Anda/Kami/Kalian/Mereka/Ia *telah mengundang*
• Present Perfect Progressive	I/You/We/You all/They *have been inviting* He/She *has been inviting*	Saya/Anda/Kami/Kalian/Mereka/Ia *telah mengundang*
Past Tense		
• Simple Past	I/You/We/You all/They/He/She *invited*	Saya/Anda/Kami/Kalian/Mereka/Ia *mengundang*
• Past Progressive	You/We/You all/They *were inviting* I/He/She *was inviting*	Saya/Anda/Kami/Kalian/Mereka/Ia *sedang mengundang*
• Past Perfect Simple	I/You/We/You all/They/He/She *had invited*	Saya/Anda/Kami/Kalian/Mereka/Ia *telah mengundang*
• Past Perfect Progressive	I/You/We/You all/They/He/She *had been inviting*	Saya/Anda/Kami/Kalian/Mereka/Ia *telah mengundang*
Future Tense		

• Future I Simple	I/You/We/You all/They/He/She _will_ _invite_	Saya/Anda/Kami/Kalian/Mereka/Ia **_akan_** _mengundang_
• Future I Simple	I _am going to_ _invite_ You/We/You all/They _are going to_ _invite_ He/She _is going to invite_	Saya/Anda/Kami/Kalian/Mereka/Ia **_akan_** _mengundang_
• Future I Progressive	I/You/We/You all/They/He/She _will_ _be inviting_	Saya/Anda/Kami/Kalian/Mereka/Ia **_akan_** _mengundang_
• Future II Simple	I/You/We/You all/They/He/She _will_ _have invited_	Saya/Anda/Kami/Kalian/Mereka/Ia **_akan (telah)_** _mengundang_
• Future II Progressive	I/You/We/You all/They/He/She _will_ _have been inviting_	Saya/Anda/Kami/Kalian/Mereka/Ia **_akan (telah)_** _mengundang_

To kill
membunuh (mεm-bóo-nóoh)

Conjugation: Person & Number

Person / Number	Singular		Plural	
1st Person	I *kill*	Saya *membunuh*	We *kill*	Kami *membunuh*
2nd Person	You *kill*	Anda *membunuh*	You all *kill*	Kalian *membunuh*
3rd Person	He/She *kills*	Ia *membunuh*	They *kill*	Mereka *membunuh*

Conjugation: Tenses

Tenses	English	Indonesian
Present Tense		
• Simple Present	I/You/We/You all/They *kill* He/She *kills*	Saya/Anda/Kami/Kalian/Mereka/Ia *membunuh*
• Present Progressive	I *am killing* You/We/You all/They *are killing* He/She *is killing*	Saya/Anda/Kami/Kalian/Mereka/Ia sedang *membunuh*
• Present Perfect Simple	I/You/We/You all/They *have killed* He/She *has killed*	Saya/Anda/Kami/Kalian/Mereka/Ia **telah** *membunuh*
• Present Perfect Progressive	I/You/We/You all/They *have been killing* He/She *has been killing*	Saya/Anda/Kami/Kalian/Mereka/Ia **telah** *membunuh*
Past Tense		
• Simple Past	I/You/We/You all/They/He/She *killed*	Saya/Anda/Kami/Kalian/Mereka/Ia *membunuh*
• Past Progressive	You/We/You all/They *were killing* I/He/She *was killing*	Saya/Anda/Kami/Kalian/Mereka/Ia sedang *membunuh*
• Past Perfect Simple	I/You/We/You all/They/He/She *had killed*	Saya/Anda/Kami/Kalian/Mereka/Ia **telah** *membunuh*
• Past Perfect Progressive	I/You/We/You all/They/He/She *had been killing*	Saya/Anda/Kami/Kalian/Mereka/Ia **telah** *membunuh*
Future Tense		
• Future I Simple	I/You/We/You all/They/He/She *will kill*	Saya/Anda/Kami/Kalian/Mereka/Ia **akan** *membunuh*
• Future I Simple	I *am going to kill* You/We/You all/They *are going to kill* He/She *is going to kill*	Saya/Anda/Kami/Kalian/Mereka/Ia **akan** *membunuh*

• Future I Progressive	I/You/We/You all/They/He/She _will_ _be_ _killing_	Saya/Anda/Kami/Kalian/Mereka/Ia **akan** _membunuh_
• Future II Simple	I/You/We/You all/They/He/She _will_ _have_ _killed_	Saya/Anda/Kami/Kalian/Mereka/Ia **akan (telah)** _membunuh_
• Future II Progressive	I/You/We/You all/They/He/She _will_ _have_ _been_ _killing_	Saya/Anda/Kami/Kalian/Mereka/Ia **akan (telah)** _membunuh_

To kiss

mencium (mɛn-cí-yoom)

Conjugation: Person & Number

Person / Number	Singular	Plural
1st Person	I *kiss* Saya *mencium*	We *kiss* Kami *mencium*
2nd Person	You *kiss* Anda *mencium*	You all *kiss* Kalian *mencium*
3rd Person	He/She *kisses* Ia *mencium*	They *kiss* Mereka *mencium*

Conjugation: Tenses

Tenses	English	Indonesian
Present Tense		
• Simple Present	I/You/We/You all/They *kiss* He/She *kisses*	Saya/Anda/Kami/Kalian/Mereka/Ia *mencium*
• Present Progressive	I *am kissing* You/We/You all/They *are kissing* He/She *is kissing*	Saya/Anda/Kami/Kalian/Mereka/Ia *sedang mencium*
• Present Perfect Simple	I/You/We/You all/They *have kissed* He/She *has kissed*	Saya/Anda/Kami/Kalian/Mereka/Ia *telah mencium*
• Present Perfect Progressive	I/You/We/You all/They *have been kissing* He/She *has been kissing*	Saya/Anda/Kami/Kalian/Mereka/Ia *telah mencium*
Past Tense		
• Simple Past	I/You/We/You all/They/He/She *kissed*	Saya/Anda/Kami/Kalian/Mereka/Ia *mencium*
• Past Progressive	You/We/You all/They *were kissing* I/He/She *was kissing*	Saya/Anda/Kami/Kalian/Mereka/Ia *sedang mencium*
• Past Perfect Simple	I/You/We/You all/They/He/She *had kissed*	Saya/Anda/Kami/Kalian/Mereka/Ia *telah mencium*
• Past Perfect Progressive	I/You/We/You all/They/He/She *had been kissing*	Saya/Anda/Kami/Kalian/Mereka/Ia *telah mencium*
Future Tense		
• Future I Simple	I/You/We/You all/They/He/She *will kiss*	Saya/Anda/Kami/Kalian/Mereka/Ia *akan mencium*
• Future I Simple	I *am going to kiss* You/We/You all/They *are going to kiss* He/She *is going to kiss*	Saya/Anda/Kami/Kalian/Mereka/Ia *akan mencium*

• Future I Progressive	I/You/We/You all/They/He/She _will be kissing_	Saya/Anda/Kami/Kalian/Mereka/Ia _**ak**an mencium_
• Future II Simple	I/You/We/You all/They/He/She _will have kissed_	Saya/Anda/Kami/Kalian/Mereka/Ia _**ak**an **(telah)** mencium_
• Future II Progressive	I/You/We/You all/They/He/She _will have been kissing_	Saya/Anda/Kami/Kalian/Mereka/Ia _**ak**an **(telah)** mencium_

To know

mengetahui (mɛ-ŋɛ-tà-hoo-í)

Conjugation: Person & Number

Person / Number	Singular		Plural	
1st Person	I *know*	Saya *mengetahui*	We *know*	Kami *mengetahui*
2nd Person	You *know*	Anda *mengetahui*	You all *know*	Kalian *mengetahui*
3rd Person	He/She *knows*	Ia *mengetahui*	They *know*	Mereka *mengetahui*

Conjugation: Tenses

Tenses	English	Indonesian
Present Tense		
• Simple Present	I/You/We/You all/They *know* He/She *knows*	Saya/Anda/Kami/Kalian/Mereka/Ia *mengetahui*
• Present Progressive	I *am knowing* You/We/You all/They *are knowing* He/She *is knowing*	Saya/Anda/Kami/Kalian/Mereka/Ia *mengetahui*
• Present Perfect Simple	I/You/We/You all/They *have known* He/She *has known*	Saya/Anda/Kami/Kalian/Mereka/Ia ***telah*** *mengetahui*
• Present Perfect Progressive	I/You/We/You all/They *have been knowing* He/She *has been knowing*	Saya/Anda/Kami/Kalian/Mereka/Ia ***telah*** *mengetahui*
Past Tense		
• Simple Past	I/You/We/You all/They/He/She *knew*	Saya/Anda/Kami/Kalian/Mereka/Ia *mengetahui*
• Past Progressive	You/We/You all/They *were knowing* I/He/She *was knowing*	Saya/Anda/Kami/Kalian/Mereka/Ia *mengetahui*
• Past Perfect Simple	I/You/We/You all/They/He/She *had known*	Saya/Anda/Kami/Kalian/Mereka/Ia ***telah*** *mengetahui*
• Past Perfect Progressive	I/You/We/You all/They/He/She *had been knowing*	Saya/Anda/Kami/Kalian/Mereka/Ia ***telah*** *mengetahui*
Future Tense		
• Future I Simple	I/You/We/You all/They/He/She *will know*	Saya/Anda/Kami/Kalian/Mereka/Ia ***akan*** *mengetahui*
• Future I Simple	I *am going to know* You/We/You all/They *are going to know* He/She *is going to know*	Saya/Anda/Kami/Kalian/Mereka/Ia ***akan*** *mengetahui*

•	Future Progressive I	I/You/We/You all/They/He/She _will be knowing_	Saya/Anda/Kami/Kalian/Mereka/Ia **akan** _mengetahui_
•	Future II Simple	I/You/We/You all/They/He/She _will have known_	Saya/Anda/Kami/Kalian/Mereka/Ia **akan (telah)** _mengetahui_
•	Future Progressive II	I/You/We/You all/They/He/She _will have been knowing_	Saya/Anda/Kami/Kalian/Mereka/Ia **akan (telah)** _mengetahui_

To laugh
tertawa (tɛr-tà-wà)

Conjugation: Person & Number

Person / Number	Singular		Plural	
1st Person	I *laugh*	Saya *tertawa*	We *laugh*	Kami *tertawa*
2nd Person	You *laugh*	Anda *tertawa*	You all *laugh*	Kalian *tertawa*
3rd Person	He/She *laughs*	Ia *tertawa*	They *laugh*	Mereka *tertawa*

Conjugation: Tenses

Tenses	English	Indonesian
Present Tense		
• Simple Present	I/You/We/You all/They *laugh* He/She *laughs*	Saya/Anda/Kami/Kalian/Mereka/Ia *tertawa*
• Present Progressive	I *am laughing* You/We/You all/They *are laughing* He/She *is laughing*	Saya/Anda/Kami/Kalian/Mereka/Ia sedang *tertawa*
• Present Perfect Simple	I/You/We/You all/They *have laughed* He/She *has laughed*	Saya/Anda/Kami/Kalian/Mereka/Ia **telah** *tertawa*
• Present Perfect Progressive	I/You/We/You all/They *have been laughing* He/She *has been laughing*	Saya/Anda/Kami/Kalian/Mereka/Ia **telah** *tertawa*
Past Tense		
• Simple Past	I/You/We/You all/They/He/She *laughed*	Saya/Anda/Kami/Kalian/Mereka/Ia *tertawa*
• Past Progressive	You/We/You all/They *were laughing* I/He/She *was laughing*	Saya/Anda/Kami/Kalian/Mereka/Ia sedang *tertawa*
• Past Perfect Simple	I/You/We/You all/They/He/She *had laughed*	Saya/Anda/Kami/Kalian/Mereka/Ia **telah** *tertawa*
• Past Perfect Progressive	I/You/We/You all/They/He/She *had been laughing*	Saya/Anda/Kami/Kalian/Mereka/Ia **telah** *tertawa*
Future Tense		
• Future I Simple	I/You/We/You all/They/He/She *will laugh*	Saya/Anda/Kami/Kalian/Mereka/Ia **akan** *tertawa*
• Future I Simple	I *am going to laugh* You/We/You all/They *are going to laugh* He/She *is going to laugh*	Saya/Anda/Kami/Kalian/Mereka/Ia **akan** *tertawa*

•	Future I Progressive	I/You/We/You all/They/He/She <u>will</u> <u>be</u> <u>laughing</u>	Saya/Anda/Kami/Kalian/Mereka/Ia ***akan*** <u>tertawa</u>
•	Future II Simple	I/You/We/You all/They/He/She <u>will</u> <u>have</u> <u>laughed</u>	Saya/Anda/Kami/Kalian/Mereka/Ia ***akan (telah)*** <u>tertawa</u>
•	Future II Progressive	I/You/We/You all/They/He/She <u>will</u> <u>have</u> <u>been</u> <u>laughing</u>	Saya/Anda/Kami/Kalian/Mereka/Ia ***akan (telah)*** <u>tertawa</u>

To learn
belajar (bɛ-là-jàr)

Conjugation: Person & Number

Person / Number	Singular		Plural	
1st Person	I *learn*	Saya *belajar*	We *learn*	Kami *belajar*
2nd Person	You *learn*	Anda *belajar*	You all *learn*	Kalian *belajar*
3rd Person	He/She *learns*	Ia *belajar*	They *learn*	Mereka *belajar*

Conjugation: Tenses

Tenses	English	Indonesian
Present Tense		
• Simple Present	I/You/We/You all/They *learn* He/She *learns*	Saya/Anda/Kami/Kalian/Mereka/Ia *belajar*
• Present Progressive	I *am learning* You/We/You all/They *are learning* He/She *is learning*	Saya/Anda/Kami/Kalian/Mereka/Ia *sedang belajar*
• Present Perfect Simple	I/You/We/You all/They *have learned* He/She *has learned*	Saya/Anda/Kami/Kalian/Mereka/Ia ***telah*** *belajar*
• Present Perfect Progressive	I/You/We/You all/They *have been learning* He/She *has been learning*	Saya/Anda/Kami/Kalian/Mereka/Ia ***telah*** *belajar*
Past Tense		
• Simple Past	I/You/We/You all/They/He/She *learned*	Saya/Anda/Kami/Kalian/Mereka/Ia *belajar*
• Past Progressive	You/We/You all/They *were learning* I/He/She *was learning*	Saya/Anda/Kami/Kalian/Mereka/Ia *belajar*
• Past Perfect Simple	I/You/We/You all/They/He/She *had learned*	Saya/Anda/Kami/Kalian/Mereka/Ia ***telah*** *belajar*
• Past Perfect Progressive	I/You/We/You all/They/He/She *had been learning*	Saya/Anda/Kami/Kalian/Mereka/Ia ***telah*** *belajar*
Future Tense		
• Future I Simple	I/You/We/You all/They/He/She *will learn*	Saya/Anda/Kami/Kalian/Mereka/Ia *akan belajar*
• Future I Simple	I *am going to learn* You/We/You all/They *are going to learn* He/She *is going to learn*	Saya/Anda/Kami/Kalian/Mereka/Ia *akan belajar*

•	Future I Progressive	I/You/We/You all/They/He/She <u>will</u> <u>be</u> <u>learning</u>	Saya/Anda/Kami/Kalian/Mereka/Ia ***akan*** <u>belajar</u>
•	Future II Simple	I/You/We/You all/They/He/She <u>will</u> <u>have</u> <u>learned</u>	Saya/Anda/Kami/Kalian/Mereka/Ia ***akan (telah)*** <u>belajar</u>
•	Future II Progressive	I/You/We/You all/They/He/She <u>will</u> <u>have</u> <u>been</u> <u>learning</u>	Saya/Anda/Kami/Kalian/Mereka/Ia ***akan (telah)*** <u>belajar</u>

To lie down
berbaring (bɛr-bà-ríng)

Conjugation: Person & Number

Person / Number	Singular		Plural	
1st Person	I *lie down*	Saya *berbaring*	We *lie down*	Kami *berbaring*
2nd Person	You *lie down*	Anda *berbaring*	You all *lie down*	Kalian *berbaring*
3rd Person	He/She *lies down*	Ia *berbaring*	They *lie down*	Mereka *berbaring*

Conjugation: Tenses

Tenses	English	Indonesian
Present Tense		
• Simple Present	I/You/We/You all/They *lie down* He/She *lies down*	Saya/Anda/Kami/Kalian/Mereka/Ia *berbaring*
• Present Progressive	I *am lying down* You/We/You all/They *are lying down* He/She *is lying down*	Saya/Anda/Kami/Kalian/Mereka/Ia sedang *berbaring*
• Present Perfect Simple	I/You/We/You all/They *have lied down* He/She *has lied down*	Saya/Anda/Kami/Kalian/Mereka/Ia *telah berbaring*
• Present Perfect Progressive	I/You/We/You all/They *have been lying down* He/She *has been lying down*	Saya/Anda/Kami/Kalian/Mereka/Ia *telah berbaring*
Past Tense		
• Simple Past	I/You/We/You all/They/He/She *lied down*	Saya/Anda/Kami/Kalian/Mereka/Ia *berbaring*
• Past Progressive	You/We/You all/They *were lying down* I/He/She *was lying down*	Saya/Anda/Kami/Kalian/Mereka/Ia sedang *berbaring*
• Past Perfect Simple	I/You/We/You all/They/He/She *had lied down*	Saya/Anda/Kami/Kalian/Mereka/Ia *telah berbaring*
• Past Perfect Progressive	I/You/We/You all/They/He/She *had been lying down*	Saya/Anda/Kami/Kalian/Mereka/Ia *telah berbaring*
Future Tense		
• Future I Simple	I/You/We/You all/They/He/She *will lie down*	Saya/Anda/Kami/Kalian/Mereka/Ia *akan berbaring*
• Future I Simple	I *am going to lie down* You/We/You all/They *are going to lie down* He/She *is going to lie down*	Saya/Anda/Kami/Kalian/Mereka/Ia *akan berbaring*

• Future I Progressive	I/You/We/You all/They/He/She _will be lying down_	Saya/Anda/Kami/Kalian/Mereka/Ia **akan** _berbaring_
• Future II Simple	I/You/We/You all/They/He/She _will have lying down_	Saya/Anda/Kami/Kalian/Mereka/Ia **akan (telah)** _berbaring_
• Future II Progressive	I/You/We/You all/They/He/She _will have been lying down_	Saya/Anda/Kami/Kalian/Mereka/Ia **akan (telah)** _berbaring_

To like

menyukai (mɛ-ɲóo-kà-í)

Conjugation: Person & Number

Person / Number	Singular		Plural	
1st Person	I *like*	Saya *menyukai*	We *like*	Kami *menyukai*
2nd Person	You *like*	Anda *menyukai*	You all *like*	Kalian *menyukai*
3rd Person	He/She *likes*	Ia *menyukai*	They *like*	Mereka *menyukai*

Conjugation: Tenses

Tenses	English	Indonesian
Present Tense		
• Simple Present	I/You/We/You all/They *like* He/She *likes*	Saya/Anda/Kami/Kalian/Mereka/Ia *menyukai*
• Present Progressive	I *am liking* You/We/You all/They *are liking* He/She *is liking*	Saya/Anda/Kami/Kalian/Mereka/Ia sedang *menyukai*
• Present Perfect Simple	I/You/We/You all/They *have liked* He/She *has liked*	Saya/Anda/Kami/Kalian/Mereka/Ia **telah** *menyukai*
• Present Perfect Progressive	I/You/We/You all/They *have been liking* He/She *has been liking*	Saya/Anda/Kami/Kalian/Mereka/Ia **telah** *menyukai*
Past Tense		
• Simple Past	I/You/We/You all/They/He/She *liked*	Saya/Anda/Kami/Kalian/Mereka/Ia *menyukai*
• Past Progressive	You/We/You all/They *were liking* I/He/She *was liking*	Saya/Anda/Kami/Kalian/Mereka/Ia sedang *menyukai*
• Past Perfect Simple	I/You/We/You all/They/He/She *had liked*	Saya/Anda/Kami/Kalian/Mereka/Ia **telah** *menyukai*
• Past Perfect Progressive	I/You/We/You all/They/He/She *had been liking*	Saya/Anda/Kami/Kalian/Mereka/Ia **telah** *menyukai*
Future Tense		
• Future I Simple	I/You/We/You all/They/He/She *will like*	Saya/Anda/Kami/Kalian/Mereka/Ia **akan** *menyukai*
• Future I Simple	I *am going to like* You/We/You all/They *are going to like* He/She *is going to like*	Saya/Anda/Kami/Kalian/Mereka/Ia **akan** *menyukai*

• Future I Progressive	I/You/We/You all/They/He/She _will be liking_	Saya/Anda/Kami/Kalian/Mereka/Ia **_akan_** _menyukai_
• Future II Simple	I/You/We/You all/They/He/She _will have liked_	Saya/Anda/Kami/Kalian/Mereka/Ia **_akan (telah)_** _menyukai_
• Future II Progressive	I/You/We/You all/They/He/She _will have been liking_	Saya/Anda/Kami/Kalian/Mereka/Ia **_akan (telah)_** _menyukai_

To listen
mendengarkan (mɛn-dɛ-ŋàr-kàn)

Conjugation: Person & Number

Person / Number	Singular	Plural
1st Person	I *listen* Saya *mendengarkan*	We *listen* Kami *mendengarkan*
2nd Person	You *listen* Anda *mendengarkan*	You all *listen* Kalian *mendengarkan*
3rd Person	He/She *listens* Ia *mendengarkan*	They *listen* Mereka *mendengarkan*

Conjugation: Tenses

Tenses	English	Indonesian
Present Tense		
• Simple Present	I/You/We/You all/They *listen* He/She *listens*	Saya/Anda/Kami/Kalian/Mereka/Ia *mendengarkan*
• Present Progressive	I *am* listening You/We/You all/They *are* listening He/She *is* listening	Saya/Anda/Kami/Kalian/Mereka/Ia sedang *mendengarkan*
• Present Perfect Simple	I/You/We/You all/They *have* listened He/She *has* listened	Saya/Anda/Kami/Kalian/Mereka/Ia telah *mendengarkan*
• Present Perfect Progressive	I/You/We/You all/They *have been* listening He/She *has been* listening	Saya/Anda/Kami/Kalian/Mereka/Ia telah *mendengarkan*
Past Tense		
• Simple Past	I/You/We/You all/They *listened* He/She *listened*	Saya/Anda/Kami/Kalian/Mereka/Ia *mendengarkan*
• Past Progressive	You/We/You all/They *were* listening I/He/She *was* listening	Saya/Anda/Kami/Kalian/Mereka/Ia sedang *mendengarkan*
• Past Perfect Simple	I/You/We/You all/They/He/She *had* listened	Saya/Anda/Kami/Kalian/Mereka/Ia telah *mendengarkan*
• Past Perfect Progressive	I/You/We/You all/They/He/She *had been* listening	Saya/Anda/Kami/Kalian/Mereka/Ia telah *mendengarkan*
Future Tense		
• Future I Simple	I/You/We/You all/They/He/She *will* listen	Saya/Anda/Kami/Kalian/Mereka/Ia akan *mendengarkan*
• Future I Simple	I *am going to* listen You/We/You all/They *are going to* listen He/She *is going to* listen	Saya/Anda/Kami/Kalian/Mereka/Ia akan *mendengarkan*

• Future I Progressive	I/You/We/You all/They/He/She _will be listening_	Saya/Anda/Kami/Kalian/Mereka/Ia **akan** _mendengarkan_
• Future II Simple	I/You/We/You all/They/He/She _will have listened_	Saya/Anda/Kami/Kalian/Mereka/Ia **akan (telah)** _mendengarkan_
• Future II Progressive	I/You/We/You all/They/He/She _will have been listening_	Saya/Anda/Kami/Kalian/Mereka/Ia **akan (telah)** _mendengarkan_

To live
hidup (hí-doop)

Conjugation: Person & Number

Person / Number	Singular		Plural	
1st Person	I *live*	Saya *hidup*	We *live*	Kami *hidup*
2nd Person	You *live*	Anda *hidup*	You all *live*	Kalian *hidup*
3rd Person	He/She *lives*	Ia *hidup*	They *live*	Mereka *hidup*

Conjugation: Tenses

Tenses	English	Indonesian
Present Tense		
• Simple Present	I/You/We/You all/They *live* He/She *lives*	Saya/Anda/Kami/Kalian/Mereka/Ia *hidup*
• Present Progressive	I *am living* You/We/You all/They *are living* He/She *is living*	Saya/Anda/Kami/Kalian/Mereka/Ia *hidup*
• Present Perfect Simple	I/You/We/You all/They *have lived* He/She *has lived*	Saya/Anda/Kami/Kalian/Mereka/Ia **telah** *hidup*
• Present Perfect Progressive	I/You/We/You all/They *have been living* He/She *has been living*	Saya/Anda/Kami/Kalian/Mereka/Ia **telah** *hidup*
Past Tense		
• Simple Past	I/You/We/You all/They/He/She *lived*	Saya/Anda/Kami/Kalian/Mereka/Ia *hidup*
• Past Progressive	You/We/You all/They *were living* I/He/She *was living*	Saya/Anda/Kami/Kalian/Mereka/Ia *hidup*
• Past Perfect Simple	I/You/We/You all/They/He/She *had lived*	Saya/Anda/Kami/Kalian/Mereka/Ia **telah** *hidup*
• Past Perfect Progressive	I/You/We/You all/They/He/She *had been living*	Saya/Anda/Kami/Kalian/Mereka/Ia **telah** *hidup*
Future Tense		
• Future I Simple	I/You/We/You all/They/He/She *will live*	Saya/Anda/Kami/Kalian/Mereka/Ia **akan** *hidup*
• Future I Simple	I *am going to live* You/We/You all/They *are going to live* He/She *is going to live*	Saya/Anda/Kami/Kalian/Mereka/Ia **akan** *hidup*

•	Future I Progressive	I/You/We/You all/They/He/She _will_ _be_ _living_	Saya/Anda/Kami/Kalian/Mereka/Ia **_akan_** _hidup_
•	Future II Simple	I/You/We/You all/They/He/She _will_ _have_ _lived_	Saya/Anda/Kami/Kalian/Mereka/Ia **_akan (telah)_** _hidup_
•	Future II Progressive	I/You/We/You all/They/He/She _will_ _have_ _been_ _living_	Saya/Anda/Kami/Kalian/Mereka/Ia **_akan (telah)_** _hidup_

To lose
kehilangan (kɛ-hí-là-ŋàn)

Conjugation: Person & Number

Person / Number	Singular	Plural
1st Person	I *lose* Saya *kehilangan*	We *lose* Kami *kehilangan*
2nd Person	You *lose* Anda *kehilangan*	You all *lose* Kalian *kehilangan*
3rd Person	He/She *loses* Ia *kehilangan*	They *lose* Mereka *kehilangan*

Conjugation: Tenses

Tenses	English	Indonesian
Present Tense		
• Simple Present	I/You/We/You all/They *lose* He/She *loses*	Saya/Anda/Kami/Kalian/Mereka/Ia *kehilangan*
• Present Progressive	I *am losing* You/We/You all/They *are losing* He/She *is losing*	Saya/Anda/Kami/Kalian/Mereka/Ia sedang *kehilangan*
• Present Perfect Simple	I/You/We/You all/They *have lost* He/She *has lost*	Saya/Anda/Kami/Kalian/Mereka/Ia *telah* *kehilangan*
• Present Perfect Progressive	I/You/We/You all/They *have been losing* He/She *has been losing*	Saya/Anda/Kami/Kalian/Mereka/Ia *telah* *kehilangan*
Past Tense		
• Simple Past	I/You/We/You all/They/He/She *lost*	Saya/Anda/Kami/Kalian/Mereka/Ia *kehilangan*
• Past Progressive	You/We/You all/They *were losing* I/He/She *was losing*	Saya/Anda/Kami/Kalian/Mereka/Ia sedang *kehilangan*
• Past Perfect Simple	I/You/We/You all/They/He/She *had lost*	Saya/Anda/Kami/Kalian/Mereka/Ia *telah* *kehilangan*
• Past Perfect Progressive	I/You/We/You all/They/He/She *had been losing*	Saya/Anda/Kami/Kalian/Mereka/Ia *telah* *kehilangan*
Future Tense		
• Future I Simple	I/You/We/You all/They/He/She *will lose*	Saya/Anda/Kami/Kalian/Mereka/Ia *akan* *kehilangan*
• Future I Simple	I *am going to lose* You/We/You all/They *are going to lose* He/She *is going to lose*	Saya/Anda/Kami/Kalian/Mereka/Ia *akan* *kehilangan*

• Future I Progressive	I/You/We/You all/They/He/She _will_ _be_ _losing_	Saya/Anda/Kami/Kalian/Mereka/Ia **_akan_** _kehilangan_
• Future II Simple	I/You/We/You all/They/He/She _will_ _have_ _lost_	Saya/Anda/Kami/Kalian/Mereka/Ia **_akan (telah)_** _kehilangan_
• Future II Progressive	I/You/We/You all/They/He/She _will_ _have_ _been_ _losing_	Saya/Anda/Kami/Kalian/Mereka/Ia **_akan (telah)_** _kehilangan_

To love

mencintai (mɛn-tʃín-tà-í)

Conjugation: Person & Number

Person / Number	Singular		Plural	
1st Person	I *love*	Saya *mencintai*	We *love*	Kami *mencintai*
2nd Person	You *love*	Anda *mencintai*	You all *love*	Kalian *mencintai*
3rd Person	He/She *loves*	Ia *mencintai*	They *love*	Mereka *mencintai*

Conjugation: Tenses

Tenses	English	Indonesian
Present Tense		
• Simple Present	I/You/We/You all/They *love* He/She *loves*	Saya/Anda/Kami/Kalian/Mereka/Ia *mencintai*
• Present Progressive	I *am loving* You/We/You all/They *are loving* He/She *is loving*	Saya/Anda/Kami/Kalian/Mereka/Ia *mencintai*
• Present Perfect Simple	I/You/We/You all/They *have loved* He/She *has loved*	Saya/Anda/Kami/Kalian/Mereka/Ia ***telah*** *mencintai*
• Present Perfect Progressive	I/You/We/You all/They *have been loving* He/She *has been loving*	Saya/Anda/Kami/Kalian/Mereka/Ia ***telah*** *mencintai*
Past Tense		
• Simple Past	I/You/We/You all/They/He/She *loved*	Saya/Anda/Kami/Kalian/Mereka/Ia *mencintai*
• Past Progressive	You/We/You all/They *were loving* I/He/She *was loving*	Saya/Anda/Kami/Kalian/Mereka/Ia *mencintai*
• Past Perfect Simple	I/You/We/You all/They/He/She *had loved*	Saya/Anda/Kami/Kalian/Mereka/Ia ***telah*** *mencintai*
• Past Perfect Progressive	I/You/We/You all/They/He/She *had been loving*	Saya/Anda/Kami/Kalian/Mereka/Ia ***telah*** *mencintai*
Future Tense		
• Future I Simple	I/You/We/You all/They/He/She *will love*	Saya/Anda/Kami/Kalian/Mereka/Ia ***akan*** *mencintai*
• Future I Simple	I *am going to love* You/We/You all/They *are going to love* He/She *is going to love*	Saya/Anda/Kami/Kalian/Mereka/Ia ***akan*** *mencintai*

• Future I Progressive	I/You/We/You all/They/He/She *will be loving*	Saya/Anda/Kami/Kalian/Mereka/Ia ***akan*** *mencintai*
• Future II Simple	I/You/We/You all/They/He/She *will have loved*	Saya/Anda/Kami/Kalian/Mereka/Ia ***akan (telah)*** *mencintai*
• Future II Progressive	I/You/We/You all/They/He/She *will have been loving*	Saya/Anda/Kami/Kalian/Mereka/Ia ***akan (telah)*** *mencintai*

To meet
bertemu (bɛr-tɛ-moo)

Conjugation: Person & Number

Person / Number	Singular		Plural	
1st Person	I *meet*	Saya *bertemu*	We *meet*	Kami *bertemu*
2nd Person	You *meet*	Anda *bertemu*	You all *meet*	Kalian *bertemu*
3rd Person	He/She *meets*	Ia *bertemu*	They *meet*	Mereka *bertemu*

Conjugation: Tenses

Tenses	English	Indonesian
Present Tense		
• Simple Present	I/You/We/You all/They *meet* He/She *meets*	Saya/Anda/Kami/Kalian/Mereka/Ia *bertemu*
• Present Progressive	I *am meeting* You/We/You all/They *are meeting* He/She *is meeting*	Saya/Anda/Kami/Kalian/Mereka/Ia sedang *bertemu*
• Present Perfect Simple	I/You/We/You all/They *have met* He/She *has met*	Saya/Anda/Kami/Kalian/Mereka/Ia *telah bertemu*
• Present Perfect Progressive	I/You/We/You all/They *have been meeting* He/She *has been meeting*	Saya/Anda/Kami/Kalian/Mereka/Ia *telah bertemu*
Past Tense		
• Simple Past	I/You/We/You all/They/He/She *met*	Saya/Anda/Kami/Kalian/Mereka/Ia *bertemu*
• Past Progressive	You/We/You all/They *were meeting* I/He/She *was meeting*	Saya/Anda/Kami/Kalian/Mereka/Ia sedang *bertemu*
• Past Perfect Simple	I/You/We/You all/They/He/She *had met*	Saya/Anda/Kami/Kalian/Mereka/Ia *telah bertemu*
• Past Perfect Progressive	I/You/We/You all/They/He/She *had been meeting*	Saya/Anda/Kami/Kalian/Mereka/Ia *telah bertemu*
Future Tense		
• Future I Simple	I/You/We/You all/They/He/She *will meet*	Saya/Anda/Kami/Kalian/Mereka/Ia *akan bertemu*
• Future I Simple	I *am going to meet* You/We/You all/They *are going to meet* He/She *is going to meet*	Saya/Anda/Kami/Kalian/Mereka/Ia *akan bertemu*

• Future I Progressive	I/You/We/You all/They/He/She _will be meeting_	Saya/Anda/Kami/Kalian/Mereka/Ia **akan** _bertemu_
• Future II Simple	I/You/We/You all/They/He/She _will have met_	Saya/Anda/Kami/Kalian/Mereka/Ia **akan (telah)** _bertemu_
• Future II Progressive	I/You/We/You all/They/He/She _will have been meeting_	Saya/Anda/Kami/Kalian/Mereka/Ia **akan (telah)** _bertemu_

To need

membutuhkan (mɛm-bóo-tóoh-kàn)

Conjugation: Person & Number

Person / Number	Singular	Plural
1st Person	I *need* — Saya *membutuhkan*	We *need* — Kami *membutuhkan*
2nd Person	You *need* — Anda *membutuhkan*	You all *need* — Kalian *membutuhkan*
3rd Person	He/She *needs* — Ia *membutuhkan*	They *need* — Mereka *membutuhkan*

Conjugation: Tenses

Tenses	English	Indonesian
Present Tense		
• Simple Present	I/You/We/You all/They *need* He/She *needs*	Saya/Anda/Kami/Kalian/Mereka/Ia *membutuhkan*
• Present Progressive	I *am needing* You/We/You all/They *are needing* He/She *is needing*	Saya/Anda/Kami/Kalian/Mereka/Ia *sedang membutuhkan*
• Present Perfect Simple	I/You/We/You all/They *have needed* He/She *has needed*	Saya/Anda/Kami/Kalian/Mereka/Ia ***telah** membutuhkan*
• Present Perfect Progressive	I/You/We/You all/They *have been needing* He/She *has been needing*	Saya/Anda/Kami/Kalian/Mereka/Ia ***telah** membutuhkan*
Past Tense		
• Simple Past	I/You/We/You all/They/He/She *needed*	Saya/Anda/Kami/Kalian/Mereka/Ia *membutuhkan*
• Past Progressive	You/We/You all/They *were needing* I/He/She *was needing*	Saya/Anda/Kami/Kalian/Mereka/Ia *sedang membutuhkan*
• Past Perfect Simple	I/You/We/You all/They/He/She *had needed*	Saya/Anda/Kami/Kalian/Mereka/Ia ***telah** membutuhkan*
• Past Perfect Progressive	I/You/We/You all/They/He/She *had been needing*	Saya/Anda/Kami/Kalian/Mereka/Ia ***telah** membutuhkan*
Future Tense		
• Future I Simple	I/You/We/You all/They/He/She *will need*	Saya/Anda/Kami/Kalian/Mereka/Ia ***akan** membutuhkan*

• Future I Simple	I *am going to need* You/We/You all/They *are going to need* He/She *is going to need*	Saya/Anda/Kami/Kalian/Mereka/Ia **akan** membutuhkan
• Future I Progressive	I/You/We/You all/They/He/She *will be needing*	Saya/Anda/Kami/Kalian/Mereka/Ia **akan** membutuhkan
• Future II Simple	I/You/We/You all/They/He/She *will have needed*	Saya/Anda/Kami/Kalian/Mereka/Ia **akan (telah)** membutuhkan
• Future II Progressive	I/You/We/You all/They/He/She *will have been needing*	Saya/Anda/Kami/Kalian/Mereka/Ia **akan (telah)** membutuhkan

To notice
memperhatikan (mɛm-pɛr-hà-tí-kàn)

Conjugation: Person & Number

Person / Number	Singular	Plural
1st Person	I *notice* Saya *memperhatikan*	We *notice* Kami *memperhatikan*
2nd Person	You *notice* Anda *memperhatikan*	You all *notice* Kalian *memperhatikan*
3rd Person	He/She *notices* Ia *memperhatikan*	They *notice* Mereka *memperhatikan*

Conjugation: Tenses

Tenses	English	Indonesian
Present Tense		
• Simple Present	I/You/We/You all/They *notice* He/She *notices*	Saya/Anda/Kami/Kalian/Mereka/Ia *memperhatikan*
• Present Progressive	I *am noticing* You/We/You all/They *are noticing* He/She *is noticing*	Saya/Anda/Kami/Kalian/Mereka/Ia *sedang memperhatikan*
• Present Perfect Simple	I/You/We/You all/They *have noticed* He/She *has noticed*	Saya/Anda/Kami/Kalian/Mereka/Ia **telah** *memperhatikan*
• Present Perfect Progressive	I/You/We/You all/They *have been noticing* He/She *has been noticing*	Saya/Anda/Kami/Kalian/Mereka/Ia **telah** *memperhatikan*
Past Tense		
• Simple Past	I/You/We/You all/They/He/She *noticed*	Saya/Anda/Kami/Kalian/Mereka/Ia *memperhatikan*
• Past Progressive	You/We/You all/They *were noticing* I/He/She *was noticing*	Saya/Anda/Kami/Kalian/Mereka/Ia *sedang memperhatikan*
• Past Perfect Simple	I/You/We/You all/They/He/She *had noticed*	Saya/Anda/Kami/Kalian/Mereka/Ia **telah** *memperhatikan*
• Past Perfect Progressive	I/You/We/You all/They/He/She *had been noticing*	Saya/Anda/Kami/Kalian/Mereka/Ia **telah** *memperhatikan*
Future Tense		
• Future I Simple	I/You/We/You all/They/He/She *will notice*	Saya/Anda/Kami/Kalian/Mereka/Ia **akan** *memperhatikan*

• Future I Simple	I *am going to notice* You/We/You all/They *are going to notice* He/She *is going to notice*	Saya/Anda/Kami/Kalian/Mereka/Ia ***akan** memperhatikan*
• Future I Progressive	I/You/We/You all/They/He/She *will be noticing*	Saya/Anda/Kami/Kalian/Mereka/Ia ***akan** memperhatikan*
• Future II Simple	I/You/We/You all/They/He/She *will have noticed*	Saya/Anda/Kami/Kalian/Mereka/Ia ***akan (telah)** memperhatikan*
• Future II Progressive	I/You/We/You all/They/He/She *will have been noticing*	Saya/Anda/Kami/Kalian/Mereka/Ia ***akan (telah)** memperhatikan*

To open

membuka (mεm-bóo-kà)

Conjugation: Person & Number

Person / Number	Singular		Plural	
1st Person	I *open*	Saya *membuka*	We *open*	Kami *membuka*
2nd Person	You *open*	Anda *membuka*	You all *open*	Kalian *membuka*
3rd Person	He/She *opens*	Ia *membuka*	They *open*	Mereka *membuka*

Conjugation: Tenses

Tenses	English	Indonesian
Present Tense		
• Simple Present	I/You/We/You all/They *open* He/She *opens*	Saya/Anda/Kami/Kalian/Mereka/Ia *membuka*
• Present Progressive	I *am opening* You/We/You all/They *are opening* He/She *is opening*	Saya/Anda/Kami/Kalian/Mereka/Ia sedang *membuka*
• Present Perfect Simple	I/You/We/You all/They *have opened* He/She *has opened*	Saya/Anda/Kami/Kalian/Mereka/Ia **telah** *membuka*
• Present Perfect Progressive	I/You/We/You all/They *have been opening* He/She *has been opening*	Saya/Anda/Kami/Kalian/Mereka/Ia **telah** *membuka*
Past Tense		
• Simple Past	I/You/We/You all/They/He/She *opened*	Saya/Anda/Kami/Kalian/Mereka/Ia *membuka*
• Past Progressive	You/We/You all/They *were opening* I/He/She *was opening*	Saya/Anda/Kami/Kalian/Mereka/Ia sedang *membuka*
• Past Perfect Simple	I/You/We/You all/They/He/She *had opened*	Saya/Anda/Kami/Kalian/Mereka/Ia **telah** *membuka*
• Past Perfect Progressive	I/You/We/You all/They/He/She *had been opening*	Saya/Anda/Kami/Kalian/Mereka/Ia **telah** *membuka*
Future Tense		
• Future I Simple	I/You/We/You all/They/He/She *will open*	Saya/Anda/Kami/Kalian/Mereka/Ia **akan** *membuka*
• Future I Simple	I *am going to open* You/We/You all/They *are going to open* He/She *is going to open*	Saya/Anda/Kami/Kalian/Mereka/Ia **akan** *membuka*

• Future I Progressive	I/You/We/You all/They/He/She <u>will</u> <u>be</u> <u>opening</u>	Saya/Anda/Kami/Kalian/Mereka/Ia ***akan*** <u>membuka</u>
• Future II Simple	I/You/We/You all/They/He/She <u>will</u> <u>have</u> <u>opened</u>	Saya/Anda/Kami/Kalian/Mereka/Ia ***akan (telah)*** <u>membuka</u>
• Future II Progressive	I/You/We/You all/They/He/She <u>will</u> <u>have</u> <u>been</u> <u>opening</u>	Saya/Anda/Kami/Kalian/Mereka/Ia ***akan (telah)*** <u>membuka</u>

To play
memainkan (mɛ-mà-ín-kàn)

Conjugation: Person & Number

Person / Number	Singular		Plural	
1st Person	I *play*	Saya *memainkan*	We *play*	Kami *memainkan*
2nd Person	You *play*	Anda *memainkan*	You all *play*	Kalian *memainkan*
3rd Person	He/She *plays*	Ia *memainkan*	They *play*	Mereka *memainkan*

Conjugation: Tenses

Tenses	English	Indonesian
Present Tense		
• Simple Present	I/You/We/You all/They *play* He/She *plays*	Saya/Anda/Kami/Kalian/Mereka/Ia *memainkan*
• Present Progressive	I *am playing* You/We/You all/They *are playing* He/She *is playing*	Saya/Anda/Kami/Kalian/Mereka/Ia sedang *memainkan*
• Present Perfect Simple	I/You/We/You all/They/He/She They *have played*	Saya/Anda/Kami/Kalian/Mereka/Ia ***telah*** *memainkan*
• Present Perfect Progressive	I/You/We/You all/They *have been playing* He/She *has been playing*	Saya/Anda/Kami/Kalian/Mereka/Ia ***telah*** *memainkan*
Past Tense		
• Simple Past	I/You/We/You all/They *played* He/She *played*	Saya/Anda/Kami/Kalian/Mereka/Ia *memainkan*
• Past Progressive	You/We/You all/They *were playing* I/He/She *was playing*	Saya/Anda/Kami/Kalian/Mereka/Ia sedang *memainkan*
• Past Perfect Simple	I/You/We/You all/They/He/She *had played*	Saya/Anda/Kami/Kalian/Mereka/Ia ***telah*** *memainkan*
• Past Perfect Progressive	I/You/We/You all/They/He/She *had been playing*	Saya/Anda/Kami/Kalian/Mereka/Ia ***telah*** *memainkan*
Future Tense		
• Future I Simple	I/You/We/You all/They/He/She *will play*	Saya/Anda/Kami/Kalian/Mereka/Ia ***akan*** *memainkan*
• Future I Simple	I *am going to play* You/We/You all/They *are going to play* He/She *is going to play*	Saya/Anda/Kami/Kalian/Mereka/Ia ***akan*** *memainkan*

•	Future I Progressive	I/You/We/You all/They/He/She _will be playing_	Saya/Anda/Kami/Kalian/Mereka/Ia **_akan_** _memainkan_
•	Future II Simple	I/You/We/You all/They/He/She _will have played_	Saya/Anda/Kami/Kalian/Mereka/Ia **_akan (telah)_** _memainkan_
•	Future II Progressive	I/You/We/You all/They/He/She _will have been playing_	Saya/Anda/Kami/Kalian/Mereka/Ia **_akan (telah)_** _memainkan_

To put
meletakkan (mɛ-lɛ-tàk-kàn)

Conjugation: Person & Number

Person / Number	Singular		Plural	
1st Person	I *put*	Saya *meletakkan*	We *put*	Kami *meletakkan*
2nd Person	You *put*	Anda *meletakkan*	You all *put*	Kalian *meletakkan*
3rd Person	He/She *puts*	Ia *meletakkan*	They *put*	Mereka *meletakkan*

Conjugation: Tenses

Tenses	English	Indonesian
Present Tense		
• Simple Present	I/You/We/You all/They *put* He/She *puts*	Saya/Anda/Kami/Kalian/Mereka/Ia *meletakkan*
• Present Progressive	I *am putting* You/We/You all/They *are putting* He/She *is putting*	Saya/Anda/Kami/Kalian/Mereka/Ia sedang *meletakkan*
• Present Perfect Simple	I/You/We/You all/They *have put* He/She *has put*	Saya/Anda/Kami/Kalian/Mereka/Ia **telah** *meletakkan*
• Present Perfect Progressive	I/You/We/You all/They *have been putting* He/She *has been putting*	Saya/Anda/Kami/Kalian/Mereka/Ia **telah** *meletakkan*
Past Tense		
• Simple Past	I/You/We/You all/They/He/She *put*	Saya/Anda/Kami/Kalian/Mereka/Ia *meletakkan*
• Past Progressive	You/We/You all/They *were putting* I/He/She *was putting*	Saya/Anda/Kami/Kalian/Mereka/Ia sedang *meletakkan*
• Past Perfect Simple	I/You/We/You all/They/He/She *had put*	Saya/Anda/Kami/Kalian/Mereka/Ia **telah** *meletakkan*
• Past Perfect Progressive	I/You/We/You all/They/He/She *had been putting*	Saya/Anda/Kami/Kalian/Mereka/Ia **telah** *meletakkan*
Future Tense		
• Future I Simple	I/You/We/You all/They/He/She *will put*	Saya/Anda/Kami/Kalian/Mereka/Ia **akan** *meletakkan*
• Future I Simple	I *am going to put* You/We/You all/They *are going to put* He/She *is going to put*	Saya/Anda/Kami/Kalian/Mereka/Ia **akan** *meletakkan*

•	Future I Progressive	I/You/We/You all/They/He/She <u>will</u> <u>be</u> <u>putting</u>	Saya/Anda/Kami/Kalian/Mereka/Ia ***akan*** <u>meletakkan</u>
•	Future II Simple	I/You/We/You all/They/He/She <u>will</u> <u>have</u> <u>put</u>	Saya/Anda/Kami/Kalian/Mereka/Ia ***akan (telah)*** <u>meletakkan</u>
•	Future II Progressive	I/You/We/You all/They/He/She <u>will</u> <u>have</u> <u>been</u> <u>putting</u>	Saya/Anda/Kami/Kalian/Mereka/Ia ***akan (telah)*** <u>meletakkan</u>

To read
membaca (mɛm-bà-tʃà)

Conjugation: Person & Number

Person / Number	Singular		Plural	
1st Person	I *read*	Saya *membaca*	We *read*	Kami *membaca*
2nd Person	You *read*	Anda *membaca*	You all *read*	Kalian *membaca*
3rd Person	He/She *reads*	Ia *membaca*	They *read*	Mereka *membaca*

Conjugation: Tenses

Tenses	English	Indonesian
Present Tense		
• Simple Present	I/You/We/You all/They *read* He/She *reads*	Saya/Anda/Kami/Kalian/Mereka/Ia *membaca*
• Present Progressive	I *am reading* You/We/You all/They *are reading* He/She *is reading*	Saya/Anda/Kami/Kalian/Mereka/Ia sedang *membaca*
• Present Perfect Simple	I/You/We/You all/They *have read* He/She *has read*	Saya/Anda/Kami/Kalian/Mereka/Ia **telah** *membaca*
• Present Perfect Progressive	I/You/We/You all/They *have been reading* He/She *has been reading*	Saya/Anda/Kami/Kalian/Mereka/Ia **telah** *membaca*
Past Tense		
• Simple Past	I/You/We/You all/They/He/She *read*	Saya/Anda/Kami/Kalian/Mereka/Ia *membaca*
• Past Progressive	You/We/You all/They *were reading* I/He/She *was reading*	Saya/Anda/Kami/Kalian/Mereka/Ia sedang *membaca*
• Past Perfect Simple	I/You/We/You all/They/He/She *had read*	Saya/Anda/Kami/Kalian/Mereka/Ia **telah** *membaca*
• Past Perfect Progressive	I/You/We/You all/They/He/She *had been reading*	Saya/Anda/Kami/Kalian/Mereka/Ia **telah** *membaca*
Future Tense		
• Future I Simple	I/You/We/You all/They/He/She *will read*	Saya/Anda/Kami/Kalian/Mereka/Ia **akan** *membaca*
• Future I Simple	I *am going to read* You/We/You all/They *are going to read* He/She *is going to read*	Saya/Anda/Kami/Kalian/Mereka/Ia **akan** *membaca*

• Future I Progressive	I/You/We/You all/They/He/She _will be reading_	Saya/Anda/Kami/Kalian/Mereka/Ia **_akan_** _membaca_
• Future II Simple	I/You/We/You all/They/He/She _will have read_	Saya/Anda/Kami/Kalian/Mereka/Ia **_akan (telah)_** _membaca_
• Future II Progressive	I/You/We/You all/They/He/She _will have been reading_	Saya/Anda/Kami/Kalian/Mereka/Ia **_akan (telah)_** _membaca_

To receive

menerima (mɛ-nɛ-ree-mà)

Conjugation: Person & Number

Person / Number	Singular		Plural	
1st Person	I *receive*	Saya *menerima*	We *receive*	Kami *menerima*
2nd Person	You *receive*	Anda *menerima*	You all *receive*	Kalian *menerima*
3rd Person	He/She *receives*	Ia *menerima*	They *receive*	Mereka *menerima*

Conjugation: Tenses

Tenses	English	Indonesian
Present Tense		
• Simple Present	I/You/We/You all/They *receive* He/She *receives*	Saya/Anda/Kami/Kalian/Mereka/Ia *menerima*
• Present Progressive	I *am receiving* You/We/You all/They *are receiving* He/She *is receiving*	Saya/Anda/Kami/Kalian/Mereka/Ia sedang *menerima*
• Present Perfect Simple	I/You/We/You all/They *have received* He/She *has received*	Saya/Anda/Kami/Kalian/Mereka/Ia ***telah*** *menerima*
• Present Perfect Progressive	I/You/We/You all/They *have been receiving* He/She *has been receiving*	Saya/Anda/Kami/Kalian/Mereka/Ia ***telah*** *menerima*
Past Tense		
• Simple Past	I/You/We/You all/They/He/She *received*	Saya/Anda/Kami/Kalian/Mereka/Ia *menerima*
• Past Progressive	You/We/You all/They *were receiving* I/He/She *was receiving*	Saya/Anda/Kami/Kalian/Mereka/Ia sedang *menerima*
• Past Perfect Simple	I/You/We/You all/They/He/She *had received*	Saya/Anda/Kami/Kalian/Mereka/Ia ***telah*** *menerima*
• Past Perfect Progressive	I/You/We/You all/They/He/She *had been receiving*	Saya/Anda/Kami/Kalian/Mereka/Ia ***telah*** *menerima*
Future Tense		
• Future I Simple	I/You/We/You all/They/He/She *will receive*	Saya/Anda/Kami/Kalian/Mereka/Ia ***akan*** *menerima*
• Future I Simple	I *am going to receive* You/We/You all/They *are going to receive* He/She *is going to receive*	Saya/Anda/Kami/Kalian/Mereka/Ia ***akan*** *menerima*

• Future Progressive I	I/You/We/You all/They/He/She _will be receiving_	Saya/Anda/Kami/Kalian/Mereka/Ia **_akan_** _menerima_
• Future II Simple	I/You/We/You all/They/He/She _will have received_	Saya/Anda/Kami/Kalian/Mereka/Ia **_akan (telah)_** _menerima_
• Future Progressive II	I/You/We/You all/They/He/She _will have been receiving_	Saya/Anda/Kami/Kalian/Mereka/Ia **_akan (telah)_** _menerima_

To remember
mengingat (mɛ-ɲí-ŋàt)

Conjugation: Person & Number

Person / Number	Singular	Plural
1st Person	I *remember* Saya *mengingat*	We *remember* Kami *mengingat*
2nd Person	You *remember* Anda *mengingat*	You all *remember* Kalian *mengingat*
3rd Person	He/She *remembers* Ia *mengingat*	They *remember* Mereka *mengingat*

Conjugation: Tenses

Tenses	English	Indonesian
Present Tense		
• Simple Present	I/You/We/You all/They *remember* He/She *remembers*	Saya/Anda/Kami/Kalian/Mereka/Ia *mengingat*
• Present Progressive	I *am rememberiing* You/We/You all/They *are rememberiing* He/She *is rememberiing*	Saya/Anda/Kami/Kalian/Mereka/Ia sedang *mengingat*
• Present Perfect Simple	I/You/We/You all/They *have remembered* He/She *has remembered*	Saya/Anda/Kami/Kalian/Mereka/Ia **telah** *mengingat*
• Present Perfect Progressive	I/You/We/You all/They *have been rememberiing* He/She *has been rememberiing*	Saya/Anda/Kami/Kalian/Mereka/Ia **telah** *mengingat*
Past Tense		
• Simple Past	I/You/We/You all/They/He/She *remembered*	Saya/Anda/Kami/Kalian/Mereka/Ia *mengingat*
• Past Progressive	You/We/You all/They *were rememberiing* I/He/She *was rememberiing*	Saya/Anda/Kami/Kalian/Mereka/Ia sedang *mengingat*
• Past Perfect Simple	I/You/We/You all/They/He/She *had remembered*	Saya/Anda/Kami/Kalian/Mereka/Ia **telah** *mengingat*
• Past Perfect Progressive	I/You/We/You all/They/He/She *had been rememberiing*	Saya/Anda/Kami/Kalian/Mereka/Ia **telah** *mengingat*
Future Tense		

• Future I Simple	I/You/We/You all/They/He/She *will remember*	Saya/Anda/Kami/Kalian/Mereka/Ia ***akan*** *mengingat*
• Future I Simple	I *am going to remember* You/We/You all/They *are going to remember* He/She *is going to remember*	Saya/Anda/Kami/Kalian/Mereka/Ia ***akan*** *mengingat*
• Future I Progressive	I/You/We/You all/They/He/She *will be rememberiing*	Saya/Anda/Kami/Kalian/Mereka/Ia ***akan*** *mengingat*
• Future II Simple	I/You/We/You all/They/He/She *will have remembered*	Saya/Anda/Kami/Kalian/Mereka/Ia ***akan (telah)*** *mengingat*
• Future II Progressive	I/You/We/You all/They/He/She *will have been rememberiing*	Saya/Anda/Kami/Kalian/Mereka/Ia ***akan (telah)*** *mengingat*

To repeat
mengulangi (mɛ-ŋóo-là-ŋí)

Conjugation: Person & Number

Person / Number	Singular		Plural	
1st Person	I *repeat*	Saya *mengulangi*	We *repeat*	Kami *mengulangi*
2nd Person	You *repeat*	Anda *mengulangi*	You all *repeat*	Kalian *mengulangi*
3rd Person	He/She *repeats*	Ia *mengulangi*	They *repeat*	Mereka *mengulangi*

Conjugation: Tenses

Tenses	English	Indonesian
Present Tense		
• Simple Present	I/You/We/You all/They *repeat* He/She *repeats*	Saya/Anda/Kami/Kalian/Mereka/Ia *mengulangi*
• Present Progressive	I *am repeating* You/We/You all/They *are repeating* He/She *is repeating*	Saya/Anda/Kami/Kalian/Mereka/Ia sedang *mengulangi*
• Present Perfect Simple	I/You/We/You all/They *have repeated* He/She *has repeated*	Saya/Anda/Kami/Kalian/Mereka/Ia **telah** *mengulangi*
• Present Perfect Progressive	I/You/We/You all/They *have been repeating* He/She *has been repeating*	Saya/Anda/Kami/Kalian/Mereka/Ia **telah** *mengulangi*
Past Tense		
• Simple Past	I/You/We/You all/They/He/She *repeated*	Saya/Anda/Kami/Kalian/Mereka/Ia *mengulangi*
• Past Progressive	You/We/You all/They *were repeating* I/He/She *was repeating*	Saya/Anda/Kami/Kalian/Mereka/Ia sedang *mengulangi*
• Past Perfect Simple	I/You/We/You all/They/He/She *had repeated*	Saya/Anda/Kami/Kalian/Mereka/Ia **telah** *mengulangi*
• Past Perfect Progressive	I/You/We/You all/They/He/She *had been repeating*	Saya/Anda/Kami/Kalian/Mereka/Ia **telah** *mengulangi*
Future Tense		
• Future I Simple	I/You/We/You all/They/He/She *will repeat*	Saya/Anda/Kami/Kalian/Mereka/Ia **akan** *mengulangi*
• Future I Simple	I *am going to repeat* You/We/You all/They *are going to repeat* He/She *is going to repeat*	Saya/Anda/Kami/Kalian/Mereka/Ia **akan** *mengulangi*

• Future Progressive I		I/You/We/You all/They/He/She _will_ _be_ _repeating_	Saya/Anda/Kami/Kalian/Mereka/Ia **akan** _mengulangi_
• Future II Simple		I/You/We/You all/They/He/She _will_ _have_ _repeated_	Saya/Anda/Kami/Kalian/Mereka/Ia **akan (telah)** _mengulangi_
• Future Progressive	II	I/You/We/You all/They/He/She _will_ _have_ _been_ _repeating_	Saya/Anda/Kami/Kalian/Mereka/Ia **akan (telah)** _mengulangi_

To return

kembali (kɛm-bà-lí)

Conjugation: Person & Number

Person / Number	Singular		Plural	
1st Person	I *return*	Saya *kembali*	We *return*	Kami *kembali*
2nd Person	You *return*	Anda *kembali*	You all *return*	Kalian *kembali*
3rd Person	He/She *returns*	Ia *kembali*	They *return*	Mereka *kembali*

Conjugation: Tenses

Tenses	English	Indonesian
Present Tense		
• Simple Present	I/You/We/You all/They *return* He/She *returns*	Saya/Anda/Kami/Kalian/Mereka/Ia *kembali*
• Present Progressive	I *am returning* You/We/You all/They *are returning* He/She *is returning*	Saya/Anda/Kami/Kalian/Mereka/Ia *kembali*
• Present Perfect Simple	I/You/We/You all/They *have returned* He/She *has returned*	Saya/Anda/Kami/Kalian/Mereka/Ia *telah kembali*
• Present Perfect Progressive	I/You/We/You all/They *have been returning* He/She *has been returning*	Saya/Anda/Kami/Kalian/Mereka/Ia *telah kembali*
Past Tense		
• Simple Past	I/You/We/You all/They/He/She *returned*	Saya/Anda/Kami/Kalian/Mereka/Ia *kembali*
• Past Progressive	You/We/You all/They *were returning* I/He/She *was returning*	Saya/Anda/Kami/Kalian/Mereka/Ia *kembali*
• Past Perfect Simple	I/You/We/You all/They/He/She *had returned*	Saya/Anda/Kami/Kalian/Mereka/Ia *telah kembali*
• Past Perfect Progressive	I/You/We/You all/They/He/She *had been returning*	Saya/Anda/Kami/Kalian/Mereka/Ia *telah kembali*
Future Tense		
• Future I Simple	I/You/We/You all/They/He/She *will return*	Saya/Anda/Kami/Kalian/Mereka/Ia *akan kembali*
• Future I Simple	I *am going to return* You/We/You all/They *are going to return* He/She *is going to return*	Saya/Anda/Kami/Kalian/Mereka/Ia *akan kembali*

• Future I Progressive	I/You/We/You all/They/He/She _will be returning_	Saya/Anda/Kami/Kalian/Mereka/Ia **_akan_** _kembali_
• Future II Simple	I/You/We/You all/They/He/She _will have returned_	Saya/Anda/Kami/Kalian/Mereka/Ia **_akan (telah)_** _kembali_
• Future II Progressive	I/You/We/You all/They/He/She _will have been returning_	Saya/Anda/Kami/Kalian/Mereka/Ia **_akan (telah)_** _kembali_

To run

berlari (bɛr-là-rí)

Conjugation: Person & Number

Person / Number	Singular		Plural	
1st Person	I _run_	Saya _berlari_	We _run_	Kami _berlari_
2nd Person	You _run_	Anda _berlari_	You all _run_	Kalian _berlari_
3rd Person	He/She _runs_	Ia _berlari_	They _run_	Mereka _berlari_

Conjugation: Tenses

Tenses	English	Indonesian
Present Tense		
• Simple Present	I/You/We/You all/They _run_ He/She _runs_	Saya/Anda/Kami/Kalian/Mereka/Ia _berlari_
• Present Progressive	I _am running_ You/We/You all/They _are running_ He/She _is runing_	Saya/Anda/Kami/Kalian/Mereka/Ia sedang _berlari_
• Present Perfect Simple	I/You/We/You all/They _have run_ He/She _has run_	Saya/Anda/Kami/Kalian/Mereka/Ia **telah** _berlari_
• Present Perfect Progressive	I/You/We/You all/They _have been running_ He/She _has been running_	Saya/Anda/Kami/Kalian/Mereka/Ia **telah** _berlari_
Past Tense		
• Simple Past	I/You/We/You all/They/He/She _ran_	Saya/Anda/Kami/Kalian/Mereka/Ia _berlari_
• Past Progressive	You/We/You all/They _were running_ I/He/She _was running_	Saya/Anda/Kami/Kalian/Mereka/Ia sedang _berlari_
• Past Perfect Simple	I/You/We/You all/They/He/She _had run_	Saya/Anda/Kami/Kalian/Mereka/Ia **telah** _berlari_
• Past Perfect Progressive	I/You/We/You all/They/He/She _had been running_	Saya/Anda/Kami/Kalian/Mereka/Ia **telah** _berlari_
Future Tense		
• Future I Simple	I/You/We/You all/They/He/She _will run_	Saya/Anda/Kami/Kalian/Mereka/Ia **akan** _berlari_
• Future I Simple	I _am going to run_ You/We/You all/They _are going to run_ He/She _is going to run_	Saya/Anda/Kami/Kalian/Mereka/Ia **akan** _berlari_

• Future I Progressive	I/You/We/You all/They/He/She _will be running_	Saya/Anda/Kami/Kalian/Mereka/Ia ***akan*** _berlari_
• Future II Simple	I/You/We/You all/They/He/She _will have run_	Saya/Anda/Kami/Kalian/Mereka/Ia ***akan (telah)*** _berlari_
• Future II Progressive	I/You/We/You all/They/He/She _will have been running_	Saya/Anda/Kami/Kalian/Mereka/Ia ***akan (telah)*** _berlari_

To say
mengatakan (mɛ-ŋà-tà-kàn)

Conjugation: Person & Number

Person / Number	Singular		Plural	
1st Person	I *say*	Saya *mengatakan*	We *say*	Kami *mengatakan*
2nd Person	You *say*	Anda *mengatakan*	You all *say*	Kalian *mengatakan*
3rd Person	He/She *says*	Ia *mengatakan*	They *say*	Mereka *mengatakan*

Conjugation: Tenses

Tenses	English	Indonesian
Present Tense		
• Simple Present	I/You/We/You all/They *say* He/She *says*	Saya/Anda/Kami/Kalian/Mereka/Ia *mengatakan*
• Present Progressive	I *am saying* You/We/You all/They *are saying* He/She *is saying*	Saya/Anda/Kami/Kalian/Mereka/Ia sedang *mengatakan*
• Present Perfect Simple	I/You/We/You all/They *have said* He/She *has said*	Saya/Anda/Kami/Kalian/Mereka/Ia **telah** *mengatakan*
• Present Perfect Progressive	I/You/We/You all/They *have been saying* He/She *has been saying*	Saya/Anda/Kami/Kalian/Mereka/Ia **telah** *mengatakan*
Past Tense		
• Simple Past	I/You/We/You all/They/He/She *said*	Saya/Anda/Kami/Kalian/Mereka/Ia *mengatakan*
• Past Progressive	You/We/You all/They *were saying* I/He/She *was saying*	Saya/Anda/Kami/Kalian/Mereka/Ia sedang *mengatakan*
• Past Perfect Simple	I/You/We/You all/They/He/She *had said*	Saya/Anda/Kami/Kalian/Mereka/Ia **telah** *mengatakan*
• Past Perfect Progressive	I/You/We/You all/They/He/She *had been saying*	Saya/Anda/Kami/Kalian/Mereka/Ia **telah** *mengatakan*
Future Tense		
• Future I Simple	I/You/We/You all/They/He/She *will say*	Saya/Anda/Kami/Kalian/Mereka/Ia **akan** *mengatakan*

• Future I Simple	I *am going to say* You/We/You all/They *are going to say* He/She *is going to say*	Saya/Anda/Kami/Kalian/Mereka/Ia ***akan*** *mengatakan*
• Future I Progressive	I/You/We/You all/They/He/She *will be saying*	Saya/Anda/Kami/Kalian/Mereka/Ia ***akan*** *mengatakan*
• Future II Simple	I/You/We/You all/They/He/She *will have said*	Saya/Anda/Kami/Kalian/Mereka/Ia ***akan (telah)*** *mengatakan*
• Future II Progressive	I/You/We/You all/They/He/She *will have been saying*	Saya/Anda/Kami/Kalian/Mereka/Ia ***akan (telah)*** *mengatakan*

To scream
berteriak (bɛr-tɛ-ree-yak)

Conjugation: Person & Number

Person / Number	Singular		Plural	
1st Person	I *scream*	Saya *berteriak*	We *scream*	Kami *berteriak*
2nd Person	You *scream*	Anda *berteriak*	You all *scream*	Kalian *berteriak*
3rd Person	He/She *screams*	Ia *berteriak*	They *scream*	Mereka *berteriak*

Conjugation: Tenses

Tenses	English	Indonesian
Present Tense		
• Simple Present	I/You/We/You all/They *scream* He/She *screams*	Saya/Anda/Kami/Kalian/Mereka/Ia *berteriak*
• Present Progressive	I *am screaming* You/We/You all/They *are screaming* He/She *is screaming*	Saya/Anda/Kami/Kalian/Mereka/Ia sedang *berteriak*
• Present Perfect Simple	I/You/We/You all/They *have screamed* He/She *has screamed*	Saya/Anda/Kami/Kalian/Mereka/Ia ***telah** berteriak*
• Present Perfect Progressive	I/You/We/You all/They *have been screaming* He/She *has been screaming*	Saya/Anda/Kami/Kalian/Mereka/Ia ***telah** berteriak*
Past Tense		
• Simple Past	I/You/We/You all/They/He/She *screamed*	Saya/Anda/Kami/Kalian/Mereka/Ia *berteriak*
• Past Progressive	You/We/You all/They *were screaming* I/He/She *was screaming*	Saya/Anda/Kami/Kalian/Mereka/Ia sedang *berteriak*
• Past Perfect Simple	I/You/We/You all/They/He/She *had screamed*	Saya/Anda/Kami/Kalian/Mereka/Ia ***telah** berteriak*
• Past Perfect Progressive	I/You/We/You all/They/He/She *had been screaming*	Saya/Anda/Kami/Kalian/Mereka/Ia ***telah** berteriak*
Future Tense		
• Future I Simple	I/You/We/You all/They/He/She *will scream*	Saya/Anda/Kami/Kalian/Mereka/Ia ***akan** berteriak*
• Future I Simple	I *am going to scream* You/We/You all/They *are going to scream* He/She *is going to scream*	Saya/Anda/Kami/Kalian/Mereka/Ia ***akan** berteriak*

• Future I Progressive	I/You/We/You all/They/He/She <u>will</u> <u>be</u> <u>screaming</u>	Saya/Anda/Kami/Kalian/Mereka/Ia ***akan*** <u>berteriak</u>
• Future II Simple	I/You/We/You all/They/He/She <u>will</u> <u>have</u> <u>screamed</u>	Saya/Anda/Kami/Kalian/Mereka/Ia ***akan (telah)*** <u>berteriak</u>
• Future II Progressive	I/You/We/You all/They/He/She <u>will</u> <u>have</u> <u>been</u> <u>screaming</u>	Saya/Anda/Kami/Kalian/Mereka/Ia ***akan (telah)*** <u>berteriak</u>

To see

melihat (mɛ-lee-hàt)

Conjugation: Person & Number

Person / Number	Singular		Plural	
1st Person	I *see*	Saya *melihat*	We *see*	Kami *melihat*
2nd Person	You *see*	Anda *melihat*	You all *see*	Kalian *melihat*
3rd Person	He/She *sees*	Ia *melihat*	They *see*	Mereka *melihat*

Conjugation: Tenses

Tenses	English	Indonesian
Present Tense		
• Simple Present	I/You/We/You all/They *see* He/She *sees*	Saya/Anda/Kami/Kalian/Mereka/Ia *melihat*
• Present Progressive	I *am seeing* You/We/You all/They *are seeing* He/She *is seeing*	Saya/Anda/Kami/Kalian/Mereka/Ia sedang *melihat*
• Present Perfect Simple	I/You/We/You all/They *have seen* He/She *has seen*	Saya/Anda/Kami/Kalian/Mereka/Ia *telah melihat*
• Present Perfect Progressive	I/You/We/You all/They *have been seeing* He/She *has been seeing*	Saya/Anda/Kami/Kalian/Mereka/Ia *telah melihat*
Past Tense		
• Simple Past	I/You/We/You all/They/He/She *saw*	Saya/Anda/Kami/Kalian/Mereka/Ia *melihat*
• Past Progressive	You/We/You all/They *were seeing* I/He/She *was seeing*	Saya/Anda/Kami/Kalian/Mereka/Ia sedang *melihat*
• Past Perfect Simple	I/You/We/You all/They/He/She *had seen*	Saya/Anda/Kami/Kalian/Mereka/Ia *telah melihat*
• Past Perfect Progressive	I/You/We/You all/They/He/She *had been seeing*	Saya/Anda/Kami/Kalian/Mereka/Ia *telah melihat*
Future Tense		
• Future I Simple	I/You/We/You all/They/He/She *will see*	Saya/Anda/Kami/Kalian/Mereka/Ia *akan melihat*
• Future I Simple	I *am going to see* You/We/You all/They *are going to see* He/She *is going to see*	Saya/Anda/Kami/Kalian/Mereka/Ia *akan melihat*

•	Future I Progressive	I/You/We/You all/They/He/She _will be seeing_	Saya/Anda/Kami/Kalian/Mereka/Ia **_akan_** melihat
•	Future II Simple	I/You/We/You all/They/He/She _will have seen_	Saya/Anda/Kami/Kalian/Mereka/Ia **_akan (telah)_** melihat
•	Future II Progressive	I/You/We/You all/They/He/She _will have been seeing_	Saya/Anda/Kami/Kalian/Mereka/Ia **_akan (telah)_** melihat

To seem
tampak (tàm-pàk)

Conjugation: Person & Number

Person / Number	Singular		Plural	
1st Person	I <u>seem</u>	Saya <u>tampak</u>	We <u>seem</u>	Kami <u>tampak</u>
2nd Person	You <u>seem</u>	Anda <u>tampak</u>	You all <u>seem</u>	Kalian <u>tampak</u>
3rd Person	He/She <u>seems</u>	Ia <u>tampak</u>	They <u>seem</u>	Mereka <u>tampak</u>

Conjugation: Tenses

Tenses	English	Indonesian
Present Tense		
• Simple Present	I/You/We/You all/They <u>seem</u> He/She <u>seems</u>	Saya/Anda/Kami/Kalian/Mereka/Ia <u>tampak</u>
• Present Progressive	I <u>am</u> <u>seeming</u> You/We/You all/They <u>are</u> <u>seeming</u> He/She <u>is seeming</u>	Saya/Anda/Kami/Kalian/Mereka/Ia sedang <u>tampak</u>
• Present Perfect Simple	I/You/We/You all/They/He/She <u>have</u> <u>seemed</u>	Saya/Anda/Kami/Kalian/Mereka/Ia **telah** <u>tampak</u>
• Present Perfect Progressive	I/You/We/You all/They <u>have</u> <u>been</u> <u>seeming</u> He/She <u>has</u> <u>been</u> <u>seeming</u>	Saya/Anda/Kami/Kalian/Mereka/Ia **telah** <u>tampak</u>
Past Tense		
• Simple Past	I/You/We/You all/They <u>seemed</u> He/She <u>seemed</u>	Saya/Anda/Kami/Kalian/Mereka/Ia <u>tampak</u>
• Past Progressive	You/We/You all/They <u>were</u> <u>seeming</u> I/He/She <u>was seeming</u>	Saya/Anda/Kami/Kalian/Mereka/Ia sedang <u>tampak</u>
• Past Perfect Simple	I/You/We/You all/They/He/She <u>had</u> <u>seemed</u>	Saya/Anda/Kami/Kalian/Mereka/Ia **telah** <u>tampak</u>
• Past Perfect Progressive	I/You/We/You all/They/He/She <u>had been seeming</u>	Saya/Anda/Kami/Kalian/Mereka/Ia **telah** <u>tampak</u>
Future Tense		
• Future I Simple	I/You/We/You all/They/He/She <u>will</u> <u>seem</u>	Saya/Anda/Kami/Kalian/Mereka/Ia **akan** <u>tampak</u>
• Future I Simple	I <u>am going to</u> <u>seem</u> You/We/You all/They <u>are</u> <u>going to seem</u> He/She <u>is going to</u> <u>seem</u>	Saya/Anda/Kami/Kalian/Mereka/Ia **akan** <u>tampak</u>

•	Future I Progressive	I/You/We/You all/They/He/She <u>will</u> <u>be</u> <u>seeming</u>	Saya/Anda/Kami/Kalian/Mereka/Ia ***akan*** <u>tampak</u>
•	Future II Simple	I/You/We/You all/They/He/She <u>will</u> <u>have</u> <u>seemed</u>	Saya/Anda/Kami/Kalian/Mereka/Ia ***akan (telah)*** <u>tampak</u>
•	Future II Progressive	I/You/We/You all/They/He/She <u>will</u> <u>have</u> <u>been</u> <u>seeming</u>	Saya/Anda/Kami/Kalian/Mereka/Ia ***akan (telah)*** <u>tampak</u>

To sell
menjual (mɛn-joo-àl)

Conjugation: Person & Number

Person / Number	Singular		Plural	
1st Person	I *sell*	Saya **menerima**	We *sell*	Kami **menerima**
2nd Person	You *sell*	Anda **menerima**	You all *sell*	Kalian **menerima**
3rd Person	He/She *sells*	Ia **menerima**	They *sell*	Mereka **menerima**

Conjugation: Tenses

Tenses	English	Indonesian
Present Tense		
• Simple Present	I/You/We/You all/They *sell* He/She *sells*	Saya/Anda/Kami/Kalian/Mereka/Ia *menjual*
• Present Progressive	I *am selling* You/We/You all/They *are selling* He/She *is selling*	Saya/Anda/Kami/Kalian/Mereka/Ia sedang *menjual*
• Present Perfect Simple	I/You/We/You all/They *have sold* He/She *has sold*	Saya/Anda/Kami/Kalian/Mereka/Ia **telah** *menjual*
• Present Perfect Progressive	I/You/We/You all/They *have been selling* He/She *has been selling*	Saya/Anda/Kami/Kalian/Mereka/Ia **telah** *menjual*
Past Tense		
• Simple Past	I/You/We/You all/They/He/She *sold*	Saya/Anda/Kami/Kalian/Mereka/Ia *menjual*
• Past Progressive	You/We/You all/They *were selling* I/He/She *was selling*	Saya/Anda/Kami/Kalian/Mereka/Ia sedang *menjual*
• Past Perfect Simple	I/You/We/You all/They/He/She *had sold*	Saya/Anda/Kami/Kalian/Mereka/Ia **telah** *menjual*
• Past Perfect Progressive	I/You/We/You all/They/He/She *had been selling*	Saya/Anda/Kami/Kalian/Mereka/Ia **telah** *menjual*
Future Tense		
• Future I Simple	I/You/We/You all/They/He/She *will sell*	Saya/Anda/Kami/Kalian/Mereka/Ia **akan** *menjual*
• Future I Simple	I *am going to sell* You/We/You all/They *are going to sell* He/She *is going to sell*	Saya/Anda/Kami/Kalian/Mereka/Ia **akan** *menjual*

• Future I Progressive	I/You/We/You all/They/He/She _will be selling_	Saya/Anda/Kami/Kalian/Mereka/Ia **akan** _menjual_
• Future II Simple	I/You/We/You all/They/He/She _will have sold_	Saya/Anda/Kami/Kalian/Mereka/Ia **akan (telah)** _menjual_
• Future II Progressive	I/You/We/You all/They/He/She _will have been selling_	Saya/Anda/Kami/Kalian/Mereka/Ia **akan (telah)** _menjual_

To send

mengirim (mɛ-ŋi-reem)

Conjugation: Person & Number

Person / Number	Singular		Plural	
1st Person	I *send*	Saya *mengirim*	We *send*	Kami *mengirim*
2nd Person	You *send*	Anda *mengirim*	You all *send*	Kalian *mengirim*
3rd Person	He/She *sends*	Ia *mengirim*	They *send*	Mereka *mengirim*

Conjugation: Tenses

Tenses	English	Indonesian
Present Tense		
• Simple Present	I/You/We/You all/They *send* He/She *sends*	Saya/Anda/Kami/Kalian/Mereka/Ia *mengirim*
• Present Progressive	I *am sending* You/We/You all/They *are sending* He/She *is sending*	Saya/Anda/Kami/Kalian/Mereka/Ia sedang *mengirim*
• Present Perfect Simple	I/You/We/You all/They *have sent* He/She *has sent*	Saya/Anda/Kami/Kalian/Mereka/Ia **telah** *mengirim*
• Present Perfect Progressive	I/You/We/You all/They *have been sending* He/She *has been sending*	Saya/Anda/Kami/Kalian/Mereka/Ia **telah** *mengirim*
Past Tense		
• Simple Past	I/You/We/You all/They/He/She *sent*	Saya/Anda/Kami/Kalian/Mereka/Ia *mengirim*
• Past Progressive	You/We/You all/They *were sending* I/He/She *was sending*	Saya/Anda/Kami/Kalian/Mereka/Ia sedang *mengirim*
• Past Perfect Simple	I/You/We/You all/They/He/She *had sent*	Saya/Anda/Kami/Kalian/Mereka/Ia **telah** *mengirim*
• Past Perfect Progressive	I/You/We/You all/They/He/She *had been sending*	Saya/Anda/Kami/Kalian/Mereka/Ia **telah** *mengirim*
Future Tense		
• Future I Simple	I/You/We/You all/They/He/She *will send*	Saya/Anda/Kami/Kalian/Mereka/Ia **akan** *mengirim*
• Future I Simple	I *am going to send* You/We/You all/They *are going to send* He/She *is going to send*	Saya/Anda/Kami/Kalian/Mereka/Ia **akan** *mengirim*

•	Future I Progressive	I/You/We/You all/They/He/She _will_ _be_ _sending_	Saya/Anda/Kami/Kalian/Mereka/Ia **akan** _mengirim_
•	Future II Simple	I/You/We/You all/They/He/She _will_ _have_ _sent_	Saya/Anda/Kami/Kalian/Mereka/Ia **akan (telah)** _mengirim_
•	Future II Progressive	I/You/We/You all/They/He/She _will_ _have_ _been_ _sending_	Saya/Anda/Kami/Kalian/Mereka/Ia **akan (telah)** _mengirim_

To show
menunjukkan (mɛ-nóon-jook-kàn)

Conjugation: Person & Number

Person / Number	Singular	Plural
1st Person	I *show* Saya *menunjukkan*	We *show* Kami *menunjukkan*
2nd Person	You *show* Anda *menunjukkan*	You all *show* Kalian *menunjukkan*
3rd Person	He/She *shows* Ia *menunjukkan*	They *show* Mereka *menunjukkan*

Conjugation: Tenses

Tenses	English	Indonesian
Present Tense		
• Simple Present	I/You/We/You all/They *show* He/She *shows*	Saya/Anda/Kami/Kalian/Mereka/Ia *menunjukkan*
• Present Progressive	I *am showing* You/We/You all/They *are showing* He/She *is showing*	Saya/Anda/Kami/Kalian/Mereka/Ia sedang *menunjukkan*
• Present Perfect Simple	I/You/We/You all/They *have shown* He/She *has shown*	Saya/Anda/Kami/Kalian/Mereka/Ia **telah** *menunjukkan*
• Present Perfect Progressive	I/You/We/You all/They *have been showing* He/She *has been showing*	Saya/Anda/Kami/Kalian/Mereka/Ia **telah** *menunjukkan*
Past Tense		
• Simple Past	I/You/We/You all/They/He/She *showed*	Saya/Anda/Kami/Kalian/Mereka/Ia *menunjukkan*
• Past Progressive	You/We/You all/They *were showing* I/He/She *was showing*	Saya/Anda/Kami/Kalian/Mereka/Ia sedang *menunjukkan*
• Past Perfect Simple	I/You/We/You all/They/He/She *had shown*	Saya/Anda/Kami/Kalian/Mereka/Ia **telah** *menunjukkan*
• Past Perfect Progressive	I/You/We/You all/They/He/She *had been showing*	Saya/Anda/Kami/Kalian/Mereka/Ia **telah** *menunjukkan*
Future Tense		
• Future I Simple	I/You/We/You all/They/He/She *will show*	Saya/Anda/Kami/Kalian/Mereka/Ia **akan** *menunjukkan*

• Future I Simple	I *am going to show* You/We/You all/They *are going to show* He/She *is going to show*	Saya/Anda/Kami/Kalian/Mereka/Ia ***akan*** *menunjukkan*
• Future I Progressive	I/You/We/You all/They/He/She *will be showing*	Saya/Anda/Kami/Kalian/Mereka/Ia ***akan*** *menunjukkan*
• Future II Simple	I/You/We/You all/They/He/She *will have shown*	Saya/Anda/Kami/Kalian/Mereka/Ia ***akan (telah)*** *menunjukkan*
• Future II Progressive	I/You/We/You all/They/He/She *will have been showing*	Saya/Anda/Kami/Kalian/Mereka/Ia ***akan (telah)*** *menunjukkan*

To sing
menyanyi (mɛ-ɲa-ɲí)

Conjugation: Person & Number

Person / Number	Singular		Plural	
1st Person	I *sing*	Saya *menyanyi*	We *sing*	Kami *menyanyi*
2nd Person	You *sing*	Anda *menyanyi*	You all *sing*	Kalian *menyanyi*
3rd Person	He/She *sings*	Ia *menyanyi*	They *sing*	Mereka *menyanyi*

Conjugation: Tenses

Tenses	English	Indonesian
Present Tense		
• Simple Present	I/You/We/You all/They *sing* He/She *sings*	Saya/Anda/Kami/Kalian/Mereka/Ia *menyanyi*
• Present Progressive	I *am singing* You/We/You all/They *are singing* He/She *is singing*	Saya/Anda/Kami/Kalian/Mereka/Ia sedang *menyanyi*
• Present Perfect Simple	I/You/We/You all/They *have sung* He/She *has sung*	Saya/Anda/Kami/Kalian/Mereka/Ia **telah** *menyanyi*
• Present Perfect Progressive	I/You/We/You all/They *have been singing* He/She *has been singing*	Saya/Anda/Kami/Kalian/Mereka/Ia **telah** *menyanyi*
Past Tense		
• Simple Past	I/You/We/You all/They/He/She *sang*	Saya/Anda/Kami/Kalian/Mereka/Ia *menyanyi*
• Past Progressive	You/We/You all/They *were singing* I/He/She *was singing*	Saya/Anda/Kami/Kalian/Mereka/Ia sedang *menyanyi*
• Past Perfect Simple	I/You/We/You all/They/He/She *had sung*	Saya/Anda/Kami/Kalian/Mereka/Ia **telah** *menyanyi*
• Past Perfect Progressive	I/You/We/You all/They/He/She *had been singing*	Saya/Anda/Kami/Kalian/Mereka/Ia **telah** *menyanyi*
Future Tense		
• Future I Simple	I/You/We/You all/They/He/She *will sing*	Saya/Anda/Kami/Kalian/Mereka/Ia **akan** *menyanyi*
• Future I Simple	I *am going to sing* You/We/You all/They *are going to sing* He/She *is going to sing*	Saya/Anda/Kami/Kalian/Mereka/Ia **akan** *menyanyi*

• Future I Progressive	I/You/We/You all/They/He/She _will be singing_	Saya/Anda/Kami/Kalian/Mereka/Ia **_akan_** _menyanyi_
• Future II Simple	I/You/We/You all/They/He/She _will have sung_	Saya/Anda/Kami/Kalian/Mereka/Ia **_akan (telah)_** _menyanyi_
• Future II Progressive	I/You/We/You all/They/He/She _will have been singing_	Saya/Anda/Kami/Kalian/Mereka/Ia **_akan (telah)_** _menyanyi_

To sit down
duduk (dóo-dóok)

Conjugation: Person & Number

Person / Number	Singular	Plural
1st Person	I *sit down* Saya *duduk*	We *sit down* Kami *duduk*
2nd Person	You *sit down* Anda *duduk*	You all *sit down* Kalian *duduk*
3rd Person	He/She *sits down* Ia *duduk*	They *sit down* Mereka *duduk*

Conjugation: Tenses

Tenses	English	Indonesian
Present Tense		
• Simple Present	I/You/We/You all/They *sit down* He/She *sits down*	Saya/Anda/Kami/Kalian/Mereka/Ia *duduk*
• Present Progressive	I *am sitting down* You/We/You all/They *are sitting down* He/She *is sitting down*	Saya/Anda/Kami/Kalian/Mereka/Ia sedang *duduk*
• Present Perfect Simple	I/You/We/You all/They *have sat down* He/She *has sat down*	Saya/Anda/Kami/Kalian/Mereka/Ia *telah duduk*
• Present Perfect Progressive	I/You/We/You all/They *have been sitting down* He/She *has been sitting down*	Saya/Anda/Kami/Kalian/Mereka/Ia *telah duduk*
Past Tense		
• Simple Past	I/You/We/You all/They/He/She *sat down*	Saya/Anda/Kami/Kalian/Mereka/Ia *duduk*
• Past Progressive	You/We/You all/They *were sitting down* I/He/She *was sitting down*	Saya/Anda/Kami/Kalian/Mereka/Ia sedang *duduk*
• Past Perfect Simple	I/You/We/You all/They/He/She *had sat down*	Saya/Anda/Kami/Kalian/Mereka/Ia *telah duduk*
• Past Perfect Progressive	I/You/We/You all/They/He/She *had been sitting down*	Saya/Anda/Kami/Kalian/Mereka/Ia *telah duduk*
Future Tense		
• Future I Simple	I/You/We/You all/They/He/She *will sit down*	Saya/Anda/Kami/Kalian/Mereka/Ia *akan duduk*
• Future I Simple	I *am going to sit down* You/We/You all/They *are going to sit down* He/She *is going to sit down*	Saya/Anda/Kami/Kalian/Mereka/Ia *akan duduk*

• Future I Progressive	I/You/We/You all/They/He/She _will be sitting down_	Saya/Anda/Kami/Kalian/Mereka/Ia **_akan_** _duduk_
• Future II Simple	I/You/We/You all/They/He/She _will have sat down_	Saya/Anda/Kami/Kalian/Mereka/Ia **_akan (telah)_** _duduk_
• Future II Progressive	I/You/We/You all/They/He/She _will have been sitting down_	Saya/Anda/Kami/Kalian/Mereka/Ia **_akan (telah)_** _duduk_

To sleep
tidur (tee-dóor)

Conjugation: Person & Number

Person / Number	Singular		Plural	
1st Person	I *sleep*	Saya *tidur*	We *sleep*	Kami *tidur*
2nd Person	You *sleep*	Anda *tidur*	You all *sleep*	Kalian *tidur*
3rd Person	He/She *sleeps*	Ia *tidur*	They *sleep*	Mereka *tidur*

Conjugation: Tenses

Tenses	English	Indonesian
Present Tense		
• Simple Present	I/You/We/You all/They *sleep* He/She *sleeps*	Saya/Anda/Kami/Kalian/Mereka/Ia *tidur*
• Present Progressive	I *am sleeping* You/We/You all/They *are sleeping* He/She *is sleeping*	Saya/Anda/Kami/Kalian/Mereka/Ia sedang *tidur*
• Present Perfect Simple	I/You/We/You all/They *have slept* He/She *has slept*	Saya/Anda/Kami/Kalian/Mereka/Ia **telah** *tidur*
• Present Perfect Progressive	I/You/We/You all/They *have been sleeping* He/She *has been sleeping*	Saya/Anda/Kami/Kalian/Mereka/Ia **telah** *tidur*
Past Tense		
• Simple Past	I/You/We/You all/They/He/She *slept*	Saya/Anda/Kami/Kalian/Mereka/Ia *tidur*
• Past Progressive	You/We/You all/They *were sleeping* I/He/She *was sleeping*	Saya/Anda/Kami/Kalian/Mereka/Ia sedang *tidur*
• Past Perfect Simple	I/You/We/You all/They/He/She *had slept*	Saya/Anda/Kami/Kalian/Mereka/Ia **telah** *tidur*
• Past Perfect Progressive	I/You/We/You all/They/He/She *had been sleeping*	Saya/Anda/Kami/Kalian/Mereka/Ia **telah** *tidur*
Future Tense		
• Future I Simple	I/You/We/You all/They/He/She *will sleep*	Saya/Anda/Kami/Kalian/Mereka/Ia **akan** *tidur*
• Future I Simple	I *am going to sleep* You/We/You all/They *are going to sleep* He/She *is going to sleep*	Saya/Anda/Kami/Kalian/Mereka/Ia **akan** *tidur*

• Future I Progressive	I/You/We/You all/They/He/She _will be sleeping_	Saya/Anda/Kami/Kalian/Mereka/Ia **_akan_** _tidur_
• Future II Simple	I/You/We/You all/They/He/She _will have slept_	Saya/Anda/Kami/Kalian/Mereka/Ia **_akan (telah)_** _tidur_
• Future II Progressive	I/You/We/You all/They/He/She _will have been sleeping_	Saya/Anda/Kami/Kalian/Mereka/Ia **_akan (telah)_** _tidur_

To smile

tersenyum (tɛr-sɛ-ɲum)

Conjugation: Person & Number

Person / Number	Singular		Plural	
1st Person	I *smile*	Saya *tersenyum*	We *smile*	Kami *tersenyum*
2nd Person	You *smile*	Anda *tersenyum*	You all *smile*	Kalian *tersenyum*
3rd Person	He/She *smiles*	Ia *tersenyum*	They *smile*	Mereka *tersenyum*

Conjugation: Tenses

Tenses	English	Indonesian
Present Tense		
• Simple Present	I/You/We/You all/They *smile* He/She *smiles*	Saya/Anda/Kami/Kalian/Mereka/Ia *tersenyum*
• Present Progressive	I *am smiling* You/We/You all/They *are smiling* He/She *is smiling*	Saya/Anda/Kami/Kalian/Mereka/Ia sedang *tersenyum*
• Present Perfect Simple	I/You/We/You all/They *have smiled* He/She *has smiled*	Saya/Anda/Kami/Kalian/Mereka/Ia *telah tersenyum*
• Present Perfect Progressive	I/You/We/You all/They *have been smiling* He/She *has been smiling*	Saya/Anda/Kami/Kalian/Mereka/Ia *telah tersenyum*
Past Tense		
• Simple Past	I/You/We/You all/They/He/She *smiled*	Saya/Anda/Kami/Kalian/Mereka/Ia *tersenyum*
• Past Progressive	You/We/You all/They *were smiling* I/He/She *was smiling*	Saya/Anda/Kami/Kalian/Mereka/Ia sedang *tersenyum*
• Past Perfect Simple	I/You/We/You all/They/He/She *had smiled*	Saya/Anda/Kami/Kalian/Mereka/Ia *telah tersenyum*
• Past Perfect Progressive	I/You/We/You all/They/He/She *had been smiling*	Saya/Anda/Kami/Kalian/Mereka/Ia *telah tersenyum*
Future Tense		
• Future I Simple	I/You/We/You all/They/He/She *will smile*	Saya/Anda/Kami/Kalian/Mereka/Ia *akan tersenyum*
• Future I Simple	I *am going to smile* You/We/You all/They *are going to smile* He/She *is going to smile*	Saya/Anda/Kami/Kalian/Mereka/Ia *akan tersenyum*

- Future I Progressive	I/You/We/You all/They/He/She _will be smiling_	Saya/Anda/Kami/Kalian/Mereka/Ia **akan** _tersenyum_
- Future II Simple	I/You/We/You all/They/He/She _will have smiled_	Saya/Anda/Kami/Kalian/Mereka/Ia **akan (telah)** _tersenyum_
- Future II Progressive	I/You/We/You all/They/He/She _will have been smiling_	Saya/Anda/Kami/Kalian/Mereka/Ia **akan (telah)** _tersenyum_

To speak
berbicara (bɛr-bee-tʃà-rà)

Conjugation: Person & Number

Person / Number	Singular		Plural	
1st Person	I *speak*	Saya *berbicara*	We *speak*	Kami *berbicara*
2nd Person	You *speak*	Anda *berbicara*	You all *speak*	Kalian *berbicara*
3rd Person	He/She *speaks*	Ia *berbicara*	They *speak*	Mereka *berbicara*

Conjugation: Tenses

Tenses	English	Indonesian
Present Tense		
• Simple Present	I/You/We/You all/They *speak* He/She *speaks*	Saya/Anda/Kami/Kalian/Mereka/Ia *berbicara*
• Present Progressive	I *am speaking* You/We/You all/They *are speaking* He/She *is speaking*	Saya/Anda/Kami/Kalian/Mereka/Ia sedang *berbicara*
• Present Perfect Simple	I/You/We/You all/They *have spoken* He/She *has spoken*	Saya/Anda/Kami/Kalian/Mereka/Ia **telah** *berbicara*
• Present Perfect Progressive	I/You/We/You all/They *have been speaking* He/She *has been speaking*	Saya/Anda/Kami/Kalian/Mereka/Ia **telah** *berbicara*
Past Tense		
• Simple Past	I/You/We/You all/They/He/She *spoke*	Saya/Anda/Kami/Kalian/Mereka/Ia *berbicara*
• Past Progressive	You/We/You all/They *were speaking* I/He/She *was speaking*	Saya/Anda/Kami/Kalian/Mereka/Ia sedang *berbicara*
• Past Perfect Simple	I/You/We/You all/They/He/She *had spoken*	Saya/Anda/Kami/Kalian/Mereka/Ia **telah** *berbicara*
• Past Perfect Progressive	I/You/We/You all/They/He/She *had been speaking*	Saya/Anda/Kami/Kalian/Mereka/Ia **telah** *berbicara*
Future Tense		
• Future I Simple	I/You/We/You all/They/He/She *will speak*	Saya/Anda/Kami/Kalian/Mereka/Ia **akan** *berbicara*
• Future I Simple	I *am going to speak* You/We/You all/They *are going to speak* He/She *is going to speak*	Saya/Anda/Kami/Kalian/Mereka/Ia **akan** *berbicara*

•	Future I Progressive	I/You/We/You all/They/He/She _will be speaking_	Saya/Anda/Kami/Kalian/Mereka/Ia **_akan_** _berbicara_
•	Future II Simple	I/You/We/You all/They/He/She _will have spoken_	Saya/Anda/Kami/Kalian/Mereka/Ia **_akan (telah)_** _berbicara_
•	Future II Progressive	I/You/We/You all/They/He/She _will have been speaking_	Saya/Anda/Kami/Kalian/Mereka/Ia **_akan (telah)_** _berbicara_

To stand

berdiri (bɛr-dee-ree)

Conjugation: Person & Number

Person / Number	Singular		Plural	
1st Person	I *stand*	Saya *berdiri*	We *stand*	Kami *berdiri*
2nd Person	You *stand*	Anda *berdiri*	You all *stand*	Kalian *berdiri*
3rd Person	He/She *stands*	Ia *berdiri*	They *stand*	Mereka *berdiri*

Conjugation: Tenses

Tenses	English	Indonesian
Present Tense		
• Simple Present	I/You/We/You all/They *stand* He/She *stands*	Saya/Anda/Kami/Kalian/Mereka/Ia *berdiri*
• Present Progressive	I *am standing* You/We/You all/They *are standing* He/She *is standing*	Saya/Anda/Kami/Kalian/Mereka/Ia sedang *berdiri*
• Present Perfect Simple	I/You/We/You all/They *have stood* He/She *has stood*	Saya/Anda/Kami/Kalian/Mereka/Ia *telah* *berdiri*
• Present Perfect Progressive	I/You/We/You all/They *have been standing* He/She *has been standing*	Saya/Anda/Kami/Kalian/Mereka/Ia *telah* *berdiri*
Past Tense		
• Simple Past	I/You/We/You all/They/He/She *stood*	Saya/Anda/Kami/Kalian/Mereka/Ia *berdiri*
• Past Progressive	You/We/You all/They *were standing* I/He/She *was standing*	Saya/Anda/Kami/Kalian/Mereka/Ia sedang *berdiri*
• Past Perfect Simple	I/You/We/You all/They/He/She *had stood*	Saya/Anda/Kami/Kalian/Mereka/Ia *telah* *berdiri*
• Past Perfect Progressive	I/You/We/You all/They/He/She *had been standing*	Saya/Anda/Kami/Kalian/Mereka/Ia *telah* *berdiri*
Future Tense		
• Future I Simple	I/You/We/You all/They/He/She *will stand*	Saya/Anda/Kami/Kalian/Mereka/Ia *akan* *berdiri*
• Future I Simple	I *am going to stand* You/We/You all/They *are going to stand* He/She *is going to stand*	Saya/Anda/Kami/Kalian/Mereka/Ia *akan* *berdiri*

•	Future I Progressive	I/You/We/You all/They/He/She <u>will</u> <u>be</u> <u>standing</u>	Saya/Anda/Kami/Kalian/Mereka/Ia ***akan*** <u>berdiri</u>
•	Future II Simple	I/You/We/You all/They/He/She <u>will</u> <u>have</u> <u>stood</u>	Saya/Anda/Kami/Kalian/Mereka/Ia ***akan (telah)*** <u>berdiri</u>
•	Future II Progressive	I/You/We/You all/They/He/She <u>will</u> <u>have</u> <u>been</u> <u>standing</u>	Saya/Anda/Kami/Kalian/Mereka/Ia ***akan (telah)*** <u>berdiri</u>

To start
memulai (mɛ-moo-la-í)

Conjugation: Person & Number

Person / Number	Singular		Plural	
1st Person	I *start*	Saya *memulai*	We *start*	Kami *memulai*
2nd Person	You *start*	Anda *memulai*	You all *start*	Kalian *memulai*
3rd Person	He/She *starts*	Ia *memulai*	They *start*	Mereka *memulai*

Conjugation: Tenses

Tenses	English	Indonesian
Present Tense		
• Simple Present	I/You/We/You all/They *start* He/She *starts*	Saya/Anda/Kami/Kalian/Mereka/Ia *memulai*
• Present Progressive	I *am starting* You/We/You all/They *are starting* He/She *is starting*	Saya/Anda/Kami/Kalian/Mereka/Ia sedang *memulai*
• Present Perfect Simple	I/You/We/You all/They *have started* He/She *has started*	Saya/Anda/Kami/Kalian/Mereka/Ia **telah** *memulai*
• Present Perfect Progressive	I/You/We/You all/They *have been starting* He/She *has been starting*	Saya/Anda/Kami/Kalian/Mereka/Ia **telah** *memulai*
Past Tense		
• Simple Past	I/You/We/You all/They/He/She *started*	Saya/Anda/Kami/Kalian/Mereka/Ia *memulai*
• Past Progressive	You/We/You all/They *were starting* I/He/She *was starting*	Saya/Anda/Kami/Kalian/Mereka/Ia sedang *memulai*
• Past Perfect Simple	I/You/We/You all/They/He/She *had started*	Saya/Anda/Kami/Kalian/Mereka/Ia **telah** *memulai*
• Past Perfect Progressive	I/You/We/You all/They/He/She *had been starting*	Saya/Anda/Kami/Kalian/Mereka/Ia **telah** *memulai*
Future Tense		
• Future I Simple	I/You/We/You all/They/He/She *will start*	Saya/Anda/Kami/Kalian/Mereka/Ia **akan** *memulai*
• Future I Simple	I *am going to start* You/We/You all/They *are going to start* He/She *is going to start*	Saya/Anda/Kami/Kalian/Mereka/Ia **akan** *memulai*

• Future I Progressive	I/You/We/You all/They/He/She _will_ _be_ _starting_	Saya/Anda/Kami/Kalian/Mereka/Ia **_akan_** _memulai_
• Future II Simple	I/You/We/You all/They/He/She _will_ _have_ _started_	Saya/Anda/Kami/Kalian/Mereka/Ia **_akan (telah)_** _memulai_
• Future II Progressive	I/You/We/You all/They/He/She _will_ _have_ _been_ _starting_	Saya/Anda/Kami/Kalian/Mereka/Ia **_akan (telah)_** _memulai_

To stay

tinggal (tiŋ-gal)

Conjugation: Person & Number

Person / Number	Singular		Plural	
1st Person	I *stay*	Saya *tinggal*	We *stay*	Kami *tinggal*
2nd Person	You *stay*	Anda *tinggal*	You all *stay*	Kalian *tinggal*
3rd Person	He/She *stays*	Ia *tinggal*	They *stay*	Mereka *tinggal*

Conjugation: Tenses

Tenses	English	Indonesian
Present Tense		
• Simple Present	I/You/We/You all/They *stay* He/She *stays*	Saya/Anda/Kami/Kalian/Mereka/Ia *tinggal*
• Present Progressive	I *am staying* You/We/You all/They *are staying* He/She *is staying*	Saya/Anda/Kami/Kalian/Mereka/Ia *tinggal*
• Present Perfect Simple	I/You/We/You all/They *have stayed* He/She *has stayed*	Saya/Anda/Kami/Kalian/Mereka/Ia *telah tinggal*
• Present Perfect Progressive	I/You/We/You all/They *have been staying* He/She *has been staying*	Saya/Anda/Kami/Kalian/Mereka/Ia *telah tinggal*
Past Tense		
• Simple Past	I/You/We/You all/They/He/She *stayed*	Saya/Anda/Kami/Kalian/Mereka/Ia *tinggal*
• Past Progressive	You/We/You all/They *were staying* I/He/She *was staying*	Saya/Anda/Kami/Kalian/Mereka/Ia *tinggal*
• Past Perfect Simple	I/You/We/You all/They/He/She *had stayed*	Saya/Anda/Kami/Kalian/Mereka/Ia *telah tinggal*
• Past Perfect Progressive	I/You/We/You all/They/He/She *had been staying*	Saya/Anda/Kami/Kalian/Mereka/Ia *telah tinggal*
Future Tense		
• Future I Simple	I/You/We/You all/They/He/She *will stay*	Saya/Anda/Kami/Kalian/Mereka/Ia *akan tinggal*
• Future I Simple	I *am going to stay* You/We/You all/They *are going to stay* He/She *is going to stay*	Saya/Anda/Kami/Kalian/Mereka/Ia *akan tinggal*

• Future I Progressive	I/You/We/You all/They/He/She _will be staying_	Saya/Anda/Kami/Kalian/Mereka/Ia **_akan_** _tinggal_
• Future II Simple	I/You/We/You all/They/He/She _will have stayed_	Saya/Anda/Kami/Kalian/Mereka/Ia **_akan (telah)_** _tinggal_
• Future II Progressive	I/You/We/You all/They/He/She _will have been staying_	Saya/Anda/Kami/Kalian/Mereka/Ia **_akan (telah)_** _tinggal_

To take

mengambil (mɛ-ŋàm-bil)

Conjugation: Person & Number

Person / Number	Singular		Plural	
1st Person	I *take*	Saya *mengambil*	We *take*	Kami *mengambil*
2nd Person	You *take*	Anda *mengambil*	You all *take*	Kalian *mengambil*
3rd Person	He/She *takes*	Ia *mengambil*	They *take*	Mereka *mengambil*

Conjugation: Tenses

Tenses	English	Indonesian
Present Tense		
• Simple Present	I/You/We/You all/They *take* He/She *takes*	Saya/Anda/Kami/Kalian/Mereka/Ia *mengambil*
• Present Progressive	I *am taking* You/We/You all/They *are taking* He/She *is taking*	Saya/Anda/Kami/Kalian/Mereka/Ia sedang *mengambil*
• Present Perfect Simple	I/You/We/You all/They *have taken* He/She *has taken*	Saya/Anda/Kami/Kalian/Mereka/Ia **telah** *mengambil*
• Present Perfect Progressive	I/You/We/You all/They *have been taking* He/She *has been taking*	Saya/Anda/Kami/Kalian/Mereka/Ia **telah** *mengambil*
Past Tense		
• Simple Past	I/You/We/You all/They/He/She *took*	Saya/Anda/Kami/Kalian/Mereka/Ia *mengambil*
• Past Progressive	You/We/You all/They *were taking* I/He/She *was taking*	Saya/Anda/Kami/Kalian/Mereka/Ia sedang *mengambil*
• Past Perfect Simple	I/You/We/You all/They/He/She *had taken*	Saya/Anda/Kami/Kalian/Mereka/Ia **telah** *mengambil*
• Past Perfect Progressive	I/You/We/You all/They/He/She *had been taking*	Saya/Anda/Kami/Kalian/Mereka/Ia **telah** *mengambil*
Future Tense		
• Future I Simple	I/You/We/You all/They/He/She *will take*	Saya/Anda/Kami/Kalian/Mereka/Ia **akan** *mengambil*
• Future I Simple	I *am going to take* You/We/You all/They *are going to take* He/She *is going to take*	Saya/Anda/Kami/Kalian/Mereka/Ia **akan** *mengambil*

• Future I Progressive	I/You/We/You all/They/He/She _will be taking_	Saya/Anda/Kami/Kalian/Mereka/Ia **_akan_** _mengambil_
• Future II Simple	I/You/We/You all/They/He/She _will have taken_	Saya/Anda/Kami/Kalian/Mereka/Ia **_akan (telah)_** _mengambil_
• Future II Progressive	I/You/We/You all/They/He/She _will have been taking_	Saya/Anda/Kami/Kalian/Mereka/Ia **_akan (telah)_** _mengambil_

To talk
berbicara (bɛr-bee-tʃà-rà)

Conjugation: Person & Number

Person / Number	Singular		Plural	
1st Person	I *talk*	Saya *berbicara*	We *talk*	Kami *berbicara*
2nd Person	You *talk*	Anda *berbicara*	You all *talk*	Kalian *berbicara*
3rd Person	He/She *talks*	Ia *berbicara*	They *talk*	Mereka *berbicara*

Conjugation: Tenses

Tenses	English	Indonesian
Present Tense		
• Simple Present	I/You/We/You all/They *talk* He/She *talks*	Saya/Anda/Kami/Kalian/Mereka/Ia *berbicara*
• Present Progressive	I *am talking* You/We/You all/They *are talking* He/She *is talking*	Saya/Anda/Kami/Kalian/Mereka/Ia sedang *berbicara*
• Present Perfect Simple	I/You/We/You all/They *have talked* He/She *has talked*	Saya/Anda/Kami/Kalian/Mereka/Ia *telah berbicara*
• Present Perfect Progressive	I/You/We/You all/They *have been talking* He/She *has been talking*	Saya/Anda/Kami/Kalian/Mereka/Ia *telah berbicara*
Past Tense		
• Simple Past	I/You/We/You all/They/He/She *talked*	Saya/Anda/Kami/Kalian/Mereka/Ia *berbicara*
• Past Progressive	You/We/You all/They *were talking* I/He/She *was talking*	Saya/Anda/Kami/Kalian/Mereka/Ia sedang *berbicara*
• Past Perfect Simple	I/You/We/You all/They/He/She *had talked*	Saya/Anda/Kami/Kalian/Mereka/Ia *telah berbicara*
• Past Perfect Progressive	I/You/We/You all/They/He/She *had been talking*	Saya/Anda/Kami/Kalian/Mereka/Ia *telah berbicara*
Future Tense		
• Future I Simple	I/You/We/You all/They/He/She *will talk*	Saya/Anda/Kami/Kalian/Mereka/Ia *akan berbicara*
• Future I Simple	I *am going to talk* You/We/You all/They *are going to talk* He/She *is going to talk*	Saya/Anda/Kami/Kalian/Mereka/Ia *akan berbicara*

• Future I Progressive	I/You/We/You all/They/He/She _will be talking_	Saya/Anda/Kami/Kalian/Mereka/Ia **_akan_** _berbicara_
• Future II Simple	I/You/We/You all/They/He/She _will have talked_	Saya/Anda/Kami/Kalian/Mereka/Ia **_akan (telah)_** _berbicara_
• Future II Progressive	I/You/We/You all/They/He/She _will have been talking_	Saya/Anda/Kami/Kalian/Mereka/Ia **_akan (telah)_** _berbicara_

To teach
mengajar (mɛ-ŋà-jàr)

Conjugation: Person & Number

Person / Number	Singular		Plural	
1st Person	I *teach*	Saya *mengajar*	We *teach*	Kami *mengajar*
2nd Person	You *teach*	Anda *mengajar*	You all *teach*	Kalian *mengajar*
3rd Person	He/She *teaches*	Ia *mengajar*	They *teach*	Mereka *mengajar*

Conjugation: Tenses

Tenses	English	Indonesian
Present Tense		
• Simple Present	I/You/We/You all/They *teach* He/She *teaches*	Saya/Anda/Kami/Kalian/Mereka/Ia *mengajar*
• Present Progressive	I *am teaching* You/We/You all/They *are teaching* He/She *is teaching*	Saya/Anda/Kami/Kalian/Mereka/Ia sedang *mengajar*
• Present Perfect Simple	I/You/We/You all/They *have taught* He/She *has taught*	Saya/Anda/Kami/Kalian/Mereka/Ia **telah** *mengajar*
• Present Perfect Progressive	I/You/We/You all/They *have been teaching* He/She *has been teaching*	Saya/Anda/Kami/Kalian/Mereka/Ia **telah** *mengajar*
Past Tense		
• Simple Past	I/You/We/You all/They/He/She *taught*	Saya/Anda/Kami/Kalian/Mereka/Ia *mengajar*
• Past Progressive	You/We/You all/They *were teaching* I/He/She *was teaching*	Saya/Anda/Kami/Kalian/Mereka/Ia sedang *mengajar*
• Past Perfect Simple	I/You/We/You all/They/He/She *had taught*	Saya/Anda/Kami/Kalian/Mereka/Ia **telah** *mengajar*
• Past Perfect Progressive	I/You/We/You all/They/He/She *had been teaching*	Saya/Anda/Kami/Kalian/Mereka/Ia **telah** *mengajar*
Future Tense		
• Future I Simple	I/You/We/You all/They/He/She *will teach*	Saya/Anda/Kami/Kalian/Mereka/Ia **akan** *mengajar*
• Future I Simple	I *am going to teach* You/We/You all/They *are going to teach* He/She *is going to teach*	Saya/Anda/Kami/Kalian/Mereka/Ia **akan** *mengajar*

•	Future I Progressive	I/You/We/You all/They/He/She _will be teaching_	Saya/Anda/Kami/Kalian/Mereka/Ia **_akan_** _mengajar_
•	Future II Simple	I/You/We/You all/They/He/She _will have taught_	Saya/Anda/Kami/Kalian/Mereka/Ia **_akan (telah)_** _mengajar_
•	Future II Progressive	I/You/We/You all/They/He/She _will have been teaching_	Saya/Anda/Kami/Kalian/Mereka/Ia **_akan (telah)_** _mengajar_

To think
berpikir (bɛr-pee-keer)

Conjugation: Person & Number

Person / Number	Singular		Plural	
1st Person	I *think*	Saya *berpikir*	We *think*	Kami *berpikir*
2nd Person	You *think*	Anda *berpikir*	You all *think*	Kalian *berpikir*
3rd Person	He/She *thinks*	Ia *berpikir*	They *think*	Mereka *berpikir*

Conjugation: Tenses

Tenses	English	Indonesian
Present Tense		
• Simple Present	I/You/We/You all/They *think* He/She *thinks*	Saya/Anda/Kami/Kalian/Mereka/Ia *berpikir*
• Present Progressive	I *am thinking* You/We/You all/They *are thinking* He/She *is thinking*	Saya/Anda/Kami/Kalian/Mereka/Ia sedang *berpikir*
• Present Perfect Simple	I/You/We/You all/They *have thought* He/She *has thought*	Saya/Anda/Kami/Kalian/Mereka/Ia *telah berpikir*
• Present Perfect Progressive	I/You/We/You all/They *have been thinking* He/She *has been thinking*	Saya/Anda/Kami/Kalian/Mereka/Ia *telah berpikir*
Past Tense		
• Simple Past	I/You/We/You all/They/He/She They *thought*	Saya/Anda/Kami/Kalian/Mereka/Ia *berpikir*
• Past Progressive	You/We/You all/They *were thinking* I/He/She *was thinking*	Saya/Anda/Kami/Kalian/Mereka/Ia sedang *berpikir*
• Past Perfect Simple	I/You/We/You all/They/He/She *had thought*	Saya/Anda/Kami/Kalian/Mereka/Ia *telah berpikir*
• Past Perfect Progressive	I/You/We/You all/They/He/She *had been thinking*	Saya/Anda/Kami/Kalian/Mereka/Ia *telah berpikir*
Future Tense		
• Future I Simple	I/You/We/You all/They/He/She *will think*	Saya/Anda/Kami/Kalian/Mereka/Ia *akan berpikir*
• Future I Simple	I *am going to think* You/We/You all/They *are going to think* He/She *is going to think*	Saya/Anda/Kami/Kalian/Mereka/Ia *akan berpikir*

• Future Progressive I	I/You/We/You all/They/He/She will be thinking	Saya/Anda/Kami/Kalian/Mereka/Ia *akan* berpikir
• Future II Simple	I/You/We/You all/They/He/She will have thought	Saya/Anda/Kami/Kalian/Mereka/Ia *akan (telah)* berpikir
• Future II Progressive	I/You/We/You all/They/He/She will have been thinking	Saya/Anda/Kami/Kalian/Mereka/Ia *akan (telah)* berpikir

To touch

menyentuh (mɛ-ɲen-tooh)

Conjugation: Person & Number

Person / Number	Singular		Plural	
1st Person	I *touch*	Saya *menyentuh*	We *touch*	Kami *menyentuh*
2nd Person	You *touch*	Anda *menyentuh*	You all *touch*	Kalian *menyentuh*
3rd Person	He/She *touches*	Ia *menyentuh*	They *touch*	Mereka *menyentuh*

Conjugation: Tenses

Tenses	English	Indonesian
Present Tense		
• Simple Present	I/You/We/You all/They *touch* He/She *touches*	Saya/Anda/Kami/Kalian/Mereka/Ia *menyentuh*
• Present Progressive	I *am touching* You/We/You all/They *are touching* He/She *is touching*	Saya/Anda/Kami/Kalian/Mereka/Ia sedang *menyentuh*
• Present Perfect Simple	I/You/We/You all/They *have touched* He/She *has touched*	Saya/Anda/Kami/Kalian/Mereka/Ia **telah** *menyentuh*
• Present Perfect Progressive	I/You/We/You all/They *have been touching* He/She *has been touching*	Saya/Anda/Kami/Kalian/Mereka/Ia **telah** *menyentuh*
Past Tense		
• Simple Past	I/You/We/You all/They/He/She *touched*	Saya/Anda/Kami/Kalian/Mereka/Ia *menyentuh*
• Past Progressive	You/We/You all/They *were touching* I/He/She *was touching*	Saya/Anda/Kami/Kalian/Mereka/Ia sedang *menyentuh*
• Past Perfect Simple	I/You/We/You all/They/He/She *had touched*	Saya/Anda/Kami/Kalian/Mereka/Ia **telah** *menyentuh*
• Past Perfect Progressive	I/You/We/You all/They/He/She *had been touching*	Saya/Anda/Kami/Kalian/Mereka/Ia **telah** *menyentuh*
Future Tense		
• Future I Simple	I/You/We/You all/They/He/She *will touch*	Saya/Anda/Kami/Kalian/Mereka/Ia **akan** *menyentuh*
• Future I Simple	I *am going to touch* You/We/You all/They *are going to touch* He/She *is going to touch*	Saya/Anda/Kami/Kalian/Mereka/Ia **akan** *menyentuh*

•	Future I Progressive	I/You/We/You all/They/He/She _will_ _be_ _touching_	Saya/Anda/Kami/Kalian/Mereka/Ia **akan** _menyentuh_
•	Future II Simple	I/You/We/You all/They/He/She _will_ _have_ _touched_	Saya/Anda/Kami/Kalian/Mereka/Ia **akan (telah)** _menyentuh_
•	Future II Progressive	I/You/We/You all/They/He/She _will_ _have_ _been_ _touching_	Saya/Anda/Kami/Kalian/Mereka/Ia **akan (telah)** _menyentuh_

To travel
bepergian (bɛ-pɛr-gí-yàn)

Conjugation: Person & Number

Person / Number	Singular		Plural	
1st Person	I *travel*	Saya *bepergian*	We *travel*	Kami *bepergian*
2nd Person	You *travel*	Anda *bepergian*	You all *travel*	Kalian *bepergian*
3rd Person	He/She *travels*	Ia *bepergian*	They *travel*	Mereka *bepergian*

Conjugation: Tenses

Tenses	English	Indonesian
Present Tense		
• Simple Present	I/You/We/You all/They *travel* He/She *travels*	Saya/Anda/Kami/Kalian/Mereka/Ia *bepergian*
• Present Progressive	I *am traveling* You/We/You all/They *are traveling* He/She *is traveling*	Saya/Anda/Kami/Kalian/Mereka/Ia sedang *bepergian*
• Present Perfect Simple	I/You/We/You all/They *have traveled* He/She *has traveled*	Saya/Anda/Kami/Kalian/Mereka/Ia **telah** *bepergian*
• Present Perfect Progressive	I/You/We/You all/They *have been traveling* He/She *has been traveling*	Saya/Anda/Kami/Kalian/Mereka/Ia **telah** *bepergian*
Past Tense		
• Simple Past	I/You/We/You all/They/He/She *traveled*	Saya/Anda/Kami/Kalian/Mereka/Ia *bepergian*
• Past Progressive	You/We/You all/They *were traveling* I/He/She *was traveling*	Saya/Anda/Kami/Kalian/Mereka/Ia sedang *bepergian*
• Past Perfect Simple	I/You/We/You all/They/He/She *had traveled*	Saya/Anda/Kami/Kalian/Mereka/Ia **telah** *bepergian*
• Past Perfect Progressive	I/You/We/You all/They/He/She *had been traveling*	Saya/Anda/Kami/Kalian/Mereka/Ia **telah** *bepergian*
Future Tense		
• Future I Simple	I/You/We/You all/They/He/She *will travel*	Saya/Anda/Kami/Kalian/Mereka/Ia **akan** *bepergian*
• Future I Simple	I *am going to travel* You/We/You all/They *are going to travel* He/She *is going to travel*	Saya/Anda/Kami/Kalian/Mereka/Ia **akan** *bepergian*

• Future Progressive	I	I/You/We/You all/They/He/She _will be traveling_	Saya/Anda/Kami/Kalian/Mereka/Ia **_akan_** _bepergian_
• Future II Simple		I/You/We/You all/They/He/She _will have traveled_	Saya/Anda/Kami/Kalian/Mereka/Ia **_akan (telah)_** _bepergian_
• Future Progressive	II	I/You/We/You all/They/He/She _will have been traveling_	Saya/Anda/Kami/Kalian/Mereka/Ia **_akan (telah)_** _bepergian_

To understand

memahami (mɛ-mà-hà-mí)

Conjugation: Person & Number

Person / Number	Singular	Plural
1st Person	I *understand* Saya *memahami*	We *understand* Kami *memahami*
2nd Person	You *understand* Anda *memahami*	You all *understand* Kalian *memahami*
3rd Person	He/She *understands* Ia *memahami*	They *understand* Mereka *memahami*

Conjugation: Tenses

Tenses	English	Indonesian
Present Tense		
• Simple Present	I/You/We/You all/They *understand* He/She *understands*	Saya/Anda/Kami/Kalian/Mereka/Ia *memahami*
• Present Progressive	I *am understanding* You/We/You all/They *are understanding* He/She *is understanding*	Saya/Anda/Kami/Kalian/Mereka/Ia sedang *memahami*
• Present Perfect Simple	I/You/We/You all/They *have understood* He/She *has understood*	Saya/Anda/Kami/Kalian/Mereka/Ia **telah** *memahami*
• Present Perfect Progressive	I/You/We/You all/They *have been understanding* He/She *has been understanding*	Saya/Anda/Kami/Kalian/Mereka/Ia **telah** *memahami*
Past Tense		
• Simple Past	I/You/We/You all/They/He/She *understood*	Saya/Anda/Kami/Kalian/Mereka/Ia *memahami*
• Past Progressive	You/We/You all/They *were understanding* I/He/She *was understanding*	Saya/Anda/Kami/Kalian/Mereka/Ia sedang *memahami*
• Past Perfect Simple	I/You/We/You all/They/He/She *had understood*	Saya/Anda/Kami/Kalian/Mereka/Ia **telah** *memahami*
• Past Perfect Progressive	I/You/We/You all/They/He/She *had been understood*	Saya/Anda/Kami/Kalian/Mereka/Ia **telah** *memahami*
Future Tense		
• Future I Simple	I/You/We/You all/They/He/She *will understand*	Saya/Anda/Kami/Kalian/Mereka/Ia **akan** *memahami*

• Future I Simple	I *am going to understand* You/We/You all/They *are going to understand* He/She *is going to understand*	Saya/Anda/Kami/Kalian/Mereka/Ia ***akan*** *memahami*
• Future I Progressive	I/You/We/You all/They/He/She *will be understanding*	Saya/Anda/Kami/Kalian/Mereka/Ia ***akan*** *memahami*
• Future II Simple	I/You/We/You all/They/He/She *will have understood*	Saya/Anda/Kami/Kalian/Mereka/Ia ***akan (telah)*** *memahami*
• Future II Progressive	I/You/We/You all/They/He/She *will have been understanding*	Saya/Anda/Kami/Kalian/Mereka/Ia ***akan (telah)*** *memahami*

To use

menggunakan (mɛŋ-goo-nà-kàan)

Conjugation: Person & Number

Person / Number	Singular		Plural	
1st Person	I *use*	Saya *menggunakan*	We *use*	Kami *menggunakan*
2nd Person	You *use*	Anda *menggunakan*	You all *use*	Kalian *menggunakan*
3rd Person	He/She *uses*	Ia *menggunakan*	They *use*	Mereka *menggunakan*

Conjugation: Tenses

Tenses	English	Indonesian
Present Tense		
• Simple Present	I/You/We/You all/They *use* He/She *uses*	Saya/Anda/Kami/Kalian/Mereka/Ia *menggunakan*
• Present Progressive	I *am using* You/We/You all/They *are using* He/She *is using*	Saya/Anda/Kami/Kalian/Mereka/Ia sedang *menggunakan*
• Present Perfect Simple	I/You/We/You all/They *have used* He/She *has used*	Saya/Anda/Kami/Kalian/Mereka/Ia *telah menggunakan*
• Present Perfect Progressive	I/You/We/You all/They *have been using* He/She *has been using*	Saya/Anda/Kami/Kalian/Mereka/Ia *telah menggunakan*
Past Tense		
• Simple Past	I/You/We/You all/They/He/She *used*	Saya/Anda/Kami/Kalian/Mereka/Ia *menggunakan*
• Past Progressive	You/We/You all/They *were using* I/He/She *was using*	Saya/Anda/Kami/Kalian/Mereka/Ia sedang *menggunakan*
• Past Perfect Simple	I/You/We/You all/They/He/She *had used*	Saya/Anda/Kami/Kalian/Mereka/Ia *telah menggunakan*
• Past Perfect Progressive	I/You/We/You all/They/He/She *had been using*	Saya/Anda/Kami/Kalian/Mereka/Ia *telah menggunakan*
Future Tense		
• Future I Simple	I/You/We/You all/They/He/She *will use*	Saya/Anda/Kami/Kalian/Mereka/Ia *akan menggunakan*

• Future I Simple	I _am going to use_ You/We/You all/They _are going to use_ He/She _is going to use_	Saya/Anda/Kami/Kalian/Mereka/Ia **akan** _menggunakan_
• Future I Progressive	I/You/We/You all/They/He/She _will be using_	Saya/Anda/Kami/Kalian/Mereka/Ia **akan** _menggunakan_
• Future II Simple	I/You/We/You all/They/He/She _will have used_	Saya/Anda/Kami/Kalian/Mereka/Ia **akan (telah)** _menggunakan_
• Future II Progressive	I/You/We/You all/They/He/She _will have been using_	Saya/Anda/Kami/Kalian/Mereka/Ia **akan (telah)** _menggunakan_

To wait

menunggu (mɛ-nooŋ-goo)

Conjugation: Person & Number

Person / Number	Singular		Plural	
1st Person	I *wait*	Saya *menunggu*	We *wait*	Kami *menunggu*
2nd Person	You *wait*	Anda *menunggu*	You all *wait*	Kalian *menunggu*
3rd Person	He/She *waits*	Ia *menunggu*	They *wait*	Mereka *menunggu*

Conjugation: Tenses

Tenses	English	Indonesian
Present Tense		
• Simple Present	I/You/We/You all/They *wait* He/She *waits*	Saya/Anda/Kami/Kalian/Mereka/Ia *menunggu*
• Present Progressive	I *am waiting* You/We/You all/They *are waiting* He/She *is waiting*	Saya/Anda/Kami/Kalian/Mereka/Ia sedang *menunggu*
• Present Perfect Simple	I/You/We/You all/They *have waited* He/She *has waited*	Saya/Anda/Kami/Kalian/Mereka/Ia **telah** *menunggu*
• Present Perfect Progressive	I/You/We/You all/They *have been waiting* He/She *has been waiting*	Saya/Anda/Kami/Kalian/Mereka/Ia **telah** *menunggu*
Past Tense		
• Simple Past	I/You/We/You all/They/He/She *waited*	Saya/Anda/Kami/Kalian/Mereka/Ia *menunggu*
• Past Progressive	You/We/You all/They *were waiting* I/He/She *was waiting*	Saya/Anda/Kami/Kalian/Mereka/Ia sedang *menunggu*
• Past Perfect Simple	I/You/We/You all/They/He/She *had waited*	Saya/Anda/Kami/Kalian/Mereka/Ia **telah** *menunggu*
• Past Perfect Progressive	I/You/We/You all/They/He/She *had been waiting*	Saya/Anda/Kami/Kalian/Mereka/Ia **telah** *menunggu*
Future Tense		
• Future I Simple	I/You/We/You all/They/He/She *will wait*	Saya/Anda/Kami/Kalian/Mereka/Ia **akan** *menunggu*
• Future I Simple	I *am going to wait* You/We/You all/They *are going to wait* He/She *is going to wait*	Saya/Anda/Kami/Kalian/Mereka/Ia **akan** *menunggu*

•	Future I Progressive	I/You/We/You all/They/He/She _will_ _be_ _waiting_	Saya/Anda/Kami/Kalian/Mereka/Ia **akan** _menunggu_
•	Future II Simple	I/You/We/You all/They/He/She _will_ _have_ _waited_	Saya/Anda/Kami/Kalian/Mereka/Ia **akan (telah)** _menunggu_
•	Future II Progressive	I/You/We/You all/They/He/She _will_ _have_ _been_ _waiting_	Saya/Anda/Kami/Kalian/Mereka/Ia **akan (telah)** _menunggu_

To walk
berjalan (bɛr-jà-làn)

Conjugation: Person & Number

Person / Number	Singular		Plural	
1st Person	I *walk*	Saya *berjalan*	We *walk*	Kami *berjalan*
2nd Person	You *walk*	Anda *berjalan*	You all *walk*	Kalian *berjalan*
3rd Person	He/She *walks*	Ia *berjalan*	They *walk*	Mereka *berjalan*

Conjugation: Tenses

Tenses	English	Indonesian
Present Tense		
• Simple Present	I/You/We/You all/They *walk* He/She *walks*	Saya/Anda/Kami/Kalian/Mereka/Ia *berjalan*
• Present Progressive	I *am walking* You/We/You all/They *are walking* He/She *is walking*	Saya/Anda/Kami/Kalian/Mereka/Ia sedang *berjalan*
• Present Perfect Simple	I/You/We/You all/They *have walked* He/She *has walked*	Saya/Anda/Kami/Kalian/Mereka/Ia **telah** *berjalan*
• Present Perfect Progressive	I/You/We/You all/They *have been walking* He/She *has been walking*	Saya/Anda/Kami/Kalian/Mereka/Ia **telah** *berjalan*
Past Tense		
• Simple Past	I/You/We/You all/They/He/She *walked*	Saya/Anda/Kami/Kalian/Mereka/Ia *berjalan*
• Past Progressive	You/We/You all/They *were walking* I/He/She *was walking*	Saya/Anda/Kami/Kalian/Mereka/Ia sedang *berjalan*
• Past Perfect Simple	I/You/We/You all/They/He/She *had walked*	Saya/Anda/Kami/Kalian/Mereka/Ia **telah** *berjalan*
• Past Perfect Progressive	I/You/We/You all/They/He/She *had been walking*	Saya/Anda/Kami/Kalian/Mereka/Ia **telah** *berjalan*
Future Tense		
• Future I Simple	I/You/We/You all/They/He/She *will walk*	Saya/Anda/Kami/Kalian/Mereka/Ia **akan** *berjalan*
• Future I Simple	I *am going to walk* You/We/You all/They *are going to walk* He/She *is going to walk*	Saya/Anda/Kami/Kalian/Mereka/Ia **akan** *berjalan*

• Future I Progressive	I/You/We/You all/They/He/She _will be walking_	Saya/Anda/Kami/Kalian/Mereka/Ia ***akan*** _berjalan_
• Future II Simple	I/You/We/You all/They/He/She _will have walked_	Saya/Anda/Kami/Kalian/Mereka/Ia ***akan (telah)*** _berjalan_
• Future II Progressive	I/You/We/You all/They/He/She _will have been walking_	Saya/Anda/Kami/Kalian/Mereka/Ia ***akan (telah)*** _berjalan_

To want

menginginkan (mɛ-ŋi-ŋin- kàan)

Conjugation: Person & Number

Person / Number	Singular	Plural
1st Person	I *want* Saya *menginginkan*	We *want* Kami *menginginkan*
2nd Person	You *want* Anda *menginginkan*	You all *want* Kalian *menginginkan*
3rd Person	He/She *wants* Ia *menginginkan*	They *want* Mereka *menginginkan*

Conjugation: Tenses

Tenses	English	Indonesian
Present Tense		
• Simple Present	I/You/We/You all/They *want* He/She *wants*	Saya/Anda/Kami/Kalian/Mereka/Ia *menginginkan*
• Present Progressive	I *am wanting* You/We/You all/They *are wanting* He/She *is wanting*	Saya/Anda/Kami/Kalian/Mereka/Ia sedang *menginginkan*
• Present Perfect Simple	I/You/We/You all/They *have wanted* He/She *has wanted*	Saya/Anda/Kami/Kalian/Mereka/Ia **telah** *menginginkan*
• Present Perfect Progressive	I/You/We/You all/They *have been wanting* He/She *has been wanting*	Saya/Anda/Kami/Kalian/Mereka/Ia **telah** *menginginkan*
Past Tense		
• Simple Past	I/You/We/You all/They/He/She *wanted*	Saya/Anda/Kami/Kalian/Mereka/Ia *menginginkan*
• Past Progressive	You/We/You all/They *were wanting* I/He/She *was wanting*	Saya/Anda/Kami/Kalian/Mereka/Ia sedang *menginginkan*
• Past Perfect Simple	I/You/We/You all/They/He/She *had wanted*	Saya/Anda/Kami/Kalian/Mereka/Ia **telah** *menginginkan*
• Past Perfect Progressive	I/You/We/You all/They/He/She *had been wanting*	Saya/Anda/Kami/Kalian/Mereka/Ia **telah** *menginginkan*
Future Tense		
• Future I Simple	I/You/We/You all/They/He/She *will want*	Saya/Anda/Kami/Kalian/Mereka/Ia **akan** *menginginkan*

• Future I Simple	I *am going to want* You/We/You all/They *are going to want* He/She *is going to want*	Saya/Anda/Kami/Kalian/Mereka/Ia ***akan*** *menginginkan*
• Future I Progressive	I/You/We/You all/They/He/She *will be wanting*	Saya/Anda/Kami/Kalian/Mereka/Ia ***akan*** *menginginkan*
• Future II Simple	I/You/We/You all/They/He/She *will have wanted*	Saya/Anda/Kami/Kalian/Mereka/Ia ***akan (telah)*** *menginginkan*
• Future II Progressive	I/You/We/You all/They/He/She *will have been wanting*	Saya/Anda/Kami/Kalian/Mereka/Ia ***akan (telah)*** *menginginkan*

To watch
menonton (mɛ-non-ton)

Conjugation: Person & Number

Person / Number	Singular		Plural	
1st Person	I *watch*	Saya *menonton*	We *watch*	Kami *menonton*
2nd Person	You *watch*	Anda *menonton*	You all *watch*	Kalian *menonton*
3rd Person	He/She *watches*	Ia *menonton*	They *watch*	Mereka *menonton*

Conjugation: Tenses

Tenses	English	Indonesian
Present Tense		
• Simple Present	I/You/We/You all/They *watch* He/She *watches*	Saya/Anda/Kami/Kalian/Mereka/Ia *menonton*
• Present Progressive	I *am watching* You/We/You all/They *are watching* He/She *is watching*	Saya/Anda/Kami/Kalian/Mereka/Ia sedang *menonton*
• Present Perfect Simple	I/You/We/You all/They *have watched* He/She *has watched*	Saya/Anda/Kami/Kalian/Mereka/Ia **telah** *menonton*
• Present Perfect Progressive	I/You/We/You all/They *have been watching* He/She *has been watching*	Saya/Anda/Kami/Kalian/Mereka/Ia **telah** *menonton*
Past Tense		
• Simple Past	I/You/We/You all/They/He/She *watched*	Saya/Anda/Kami/Kalian/Mereka/Ia *menonton*
• Past Progressive	You/We/You all/They *were watching* I/He/She *was watching*	Saya/Anda/Kami/Kalian/Mereka/Ia sedang *menonton*
• Past Perfect Simple	I/You/We/You all/They/He/She *had watched*	Saya/Anda/Kami/Kalian/Mereka/Ia **telah** *menonton*
• Past Perfect Progressive	I/You/We/You all/They/He/She *had been watching*	Saya/Anda/Kami/Kalian/Mereka/Ia **telah** *menonton*
Future Tense		
• Future I Simple	I/You/We/You all/They/He/She *will watch*	Saya/Anda/Kami/Kalian/Mereka/Ia *akan menonton*
• Future I Simple	I *am going to watch* You/We/You all/They *are going to watch* He/She *is going to watch*	Saya/Anda/Kami/Kalian/Mereka/Ia *akan menonton*

• Future I Progressive	I/You/We/You all/They/He/She _will be watching_	Saya/Anda/Kami/Kalian/Mereka/Ia **_akan_** _menonton_
• Future II Simple	I/You/We/You all/They/He/She _will have watched_	Saya/Anda/Kami/Kalian/Mereka/Ia **_akan (telah)_** _menonton_
• Future II Progressive	I/You/We/You all/They/He/She _will have been watching_	Saya/Anda/Kami/Kalian/Mereka/Ia **_akan (telah)_** _menonton_

To win

memenangkan (mɛ-mɛ-naŋ-kàan)

Conjugation: Person & Number

Person / Number	Singular		Plural	
1st Person	I *win*	Saya *memenangkan*	We *win*	Kami *memenangkan*
2nd Person	You *win*	Anda *memenangkan*	You all *win*	Kalian *memenangkan*
3rd Person	He/She *wins*	Ia *memenangkan*	They *win*	Mereka *memenangkan*

Conjugation: Tenses

Tenses	English	Indonesian
Present Tense		
• Simple Present	I/You/We/You all/They *win* He/She *wins*	Saya/Anda/Kami/Kalian/Mereka/Ia *memenangkan*
• Present Progressive	I *am winning* You/We/You all/They *are winning* He/She *is winning*	Saya/Anda/Kami/Kalian/Mereka/Ia *memenangkan*
• Present Perfect Simple	I/You/We/You all/They *have won* He/She *has won*	Saya/Anda/Kami/Kalian/Mereka/Ia **telah** *memenangkan*
• Present Perfect Progressive	I/You/We/You all/They *have been winning* He/She *has been winning*	Saya/Anda/Kami/Kalian/Mereka/Ia **telah** *memenangkan*
Past Tense		
• Simple Past	I/You/We/You all/They/He/She *won*	Saya/Anda/Kami/Kalian/Mereka/Ia *memenangkan*
• Past Progressive	You/We/You all/They *were winning* I/He/She *was winning*	Saya/Anda/Kami/Kalian/Mereka/Ia *memenangkan*
• Past Perfect Simple	I/You/We/You all/They/He/She *had won*	Saya/Anda/Kami/Kalian/Mereka/Ia **telah** *memenangkan*
• Past Perfect Progressive	I/You/We/You all/They/He/She *had been won*	Saya/Anda/Kami/Kalian/Mereka/Ia **telah** *memenangkan*
Future Tense		
• Future I Simple	I/You/We/You all/They/He/She *will win*	Saya/Anda/Kami/Kalian/Mereka/Ia **akan** *memenangkan*
• Future I Simple	I *am going to win* You/We/You all/They *are going to win* He/She *is going to win*	Saya/Anda/Kami/Kalian/Mereka/Ia **akan** *memenangkan*

• Future I Progressive	I/You/We/You all/They/He/She _will be winning_	Saya/Anda/Kami/Kalian/Mereka/Ia **akan** _memenangkan_
• Future II Simple	I/You/We/You all/They/He/She _will have won_	Saya/Anda/Kami/Kalian/Mereka/Ia **akan (telah)** _memenangkan_
• Future II Progressive	I/You/We/You all/They/He/She _will have been winning_	Saya/Anda/Kami/Kalian/Mereka/Ia **akan (telah)** _memenangkan_

To work

bekerja (bɛ-kɛr-jà)

Conjugation: Person & Number

Person / Number	Singular		Plural	
1st Person	I _work_	Saya _bekerja_	We _work_	Kami _bekerja_
2nd Person	You _work_	Anda _bekerja_	You all _work_	Kalian _bekerja_
3rd Person	He/She _works_	Ia _bekerja_	They _work_	Mereka _bekerja_

Conjugation: Tenses

Tenses	English	Indonesian
Present Tense		
• Simple Present	I/You/We/You all/They _work_ He/She _works_	Saya/Anda/Kami/Kalian/Mereka/Ia _bekerja_
• Present Progressive	I _am working_ You/We/You all/They _are working_ He/She _is working_	Saya/Anda/Kami/Kalian/Mereka/Ia sedang _bekerja_
• Present Perfect Simple	I/You/We/You all/They _have worked_ He/She _has worked_	Saya/Anda/Kami/Kalian/Mereka/Ia **telah** _bekerja_
• Present Perfect Progressive	I/You/We/You all/They _have been working_ He/She _has been working_	Saya/Anda/Kami/Kalian/Mereka/Ia **telah** _bekerja_
Past Tense		
• Simple Past	I/You/We/You all/They/He/She _worked_	Saya/Anda/Kami/Kalian/Mereka/Ia _bekerja_
• Past Progressive	You/We/You all/They _were working_ I/He/She _was working_	Saya/Anda/Kami/Kalian/Mereka/Ia sedang _bekerja_
• Past Perfect Simple	I/You/We/You all/They/He/She _had worked_	Saya/Anda/Kami/Kalian/Mereka/Ia **telah** _bekerja_
• Past Perfect Progressive	I/You/We/You all/They/He/She _had been working_	Saya/Anda/Kami/Kalian/Mereka/Ia **telah** _bekerja_
Future Tense		
• Future I Simple	I/You/We/You all/They/He/She _will work_	Saya/Anda/Kami/Kalian/Mereka/Ia **akan** _bekerja_
• Future I Simple	I _am going to work_ You/We/You all/They _are going to work_ He/She _is going to work_	Saya/Anda/Kami/Kalian/Mereka/Ia **akan** _bekerja_

• Future I Progressive	I/You/We/You all/They/He/She will be working	Saya/Anda/Kami/Kalian/Mereka/Ia akan bekerja
• Future II Simple	I/You/We/You all/They/He/She will have worked	Saya/Anda/Kami/Kalian/Mereka/Ia akan (telah) bekerja
• Future II Progressive	I/You/We/You all/They/He/She will have been working	Saya/Anda/Kami/Kalian/Mereka/Ia akan (telah) bekerja

To write
menulis (mɛ-noo-lis)

Conjugation: Person & Number

Person / Number	Singular		Plural	
1st Person	I *write*	Saya *menulis*	We *write*	Kami *menulis*
2nd Person	You *write*	Anda *menulis*	You all *write*	Kalian *menulis*
3rd Person	He/She *writes*	Ia *menulis*	They *write*	Mereka *menulis*

Conjugation: Tenses

Tenses	English	Indonesian
Present Tense		
• Simple Present	I/You/We/You all/They *write* He/She *writes*	Saya/Anda/Kami/Kalian/Mereka/Ia *menulis*
• Present Progressive	I *am writing* You/We/You all/They *are writing* He/She *is writing*	Saya/Anda/Kami/Kalian/Mereka/Ia sedang *menulis*
• Present Perfect Simple	I/You/We/You all/They *have written* He/She *has written*	Saya/Anda/Kami/Kalian/Mereka/Ia ***telah** menulis*
• Present Perfect Progressive	I/You/We/You all/They *have been writing* He/She *has been writing*	Saya/Anda/Kami/Kalian/Mereka/Ia ***telah** menulis*
Past Tense		
• Simple Past	I/You/We/You all/They/He/She *wrote*	Saya/Anda/Kami/Kalian/Mereka/Ia *menulis*
• Past Progressive	You/We/You all/They *were writing* I/He/She *was writing*	Saya/Anda/Kami/Kalian/Mereka/Ia sedang *menulis*
• Past Perfect Simple	I/You/We/You all/They/He/She *had written*	Saya/Anda/Kami/Kalian/Mereka/Ia ***telah** menulis*
• Past Perfect Progressive	I/You/We/You all/They/He/She *had been written*	Saya/Anda/Kami/Kalian/Mereka/Ia ***telah** menulis*
Future Tense		
• Future I Simple	I/You/We/You all/They/He/She *will write*	Saya/Anda/Kami/Kalian/Mereka/Ia ***akan** menulis*
• Future I Simple	I *am going to write* You/We/You all/They *are going to write* He/She *is going to write*	Saya/Anda/Kami/Kalian/Mereka/Ia ***akan** menulis*

• Future I Progressive	I/You/We/You all/They/He/She <u>will</u> <u>be</u> <u>writing</u>	Saya/Anda/Kami/Kalian/Mereka/Ia ***akan*** <u>menulis</u>
• Future II Simple	I/You/We/You all/They/He/She <u>will</u> <u>have</u> <u>written</u>	Saya/Anda/Kami/Kalian/Mereka/Ia ***akan (telah)*** <u>menulis</u>
• Future II Progressive	I/You/We/You all/They/He/She <u>will</u> <u>have</u> <u>been</u> <u>writing</u>	Saya/Anda/Kami/Kalian/Mereka/Ia ***akan (telah)*** <u>menulis</u>

www.ingramcontent.com/pod-product-compliance
Lightning Source LLC
Chambersburg PA
CBHW081455040426
42446CB00016B/3252